Regions and Statistics

地域と統計

〈調査困難時代〉のインターネット調査

埴淵知哉・村中亮夫＝編
Tomoya Hanibuchi & Akio Muranaka

ナカニシヤ出版

序

埴淵知哉

　2016年におこなわれたアメリカ合衆国大統領選挙は，クリントン氏優勢という事前の世論調査結果を覆してトランプ氏が当選した。世論調査は標本調査であり，そのようなズレ（誤差）が生じることは確率的に起こりうる。しかし，それとは別に，「隠れトランプ支持者」(hidden Trump voters) とよばれる人々の存在に注目が集まった。これは，世論調査などでは表立ってトランプ氏支持を表明しづらいものの，選挙本番ではトランプ氏に票を投じる人たちを指す言葉であり，そのような人々によって事前の世論調査と実際の選挙での逆転が起こったのではないか，というものである。

　その真偽はともかく，調査の場面で事実や本音とは異なる回答がなされうることは既知の問題であり，「社会的望ましさによるバイアス」(social desirability bias) として教科書などでも説明されている。このバイアスが大きければ，世論調査でいくら多くの人々の声を集めたとしても，その結果は「真の世論」とは大きくズレたものになってしまう。言い換えると，多くの標本数を確保して標本誤差を小さくしても，大きな非標本誤差の存在によって偏った推定値しか得られないということである。

　さらに，このバイアスに「地域差」が存在するとしたらどうなるだろうか。アメリカの大統領選挙は州ごとに実施され，人口に比例して各州に割り当てられた選挙人を獲得するために有権者が投票をおこなう。大半の州では勝った候補が選挙人を総取りする方式であるため，各州で共和党と民主党のどちらが優勢なのかという点が非常に重要であり，レッドステート（共和党支持が多い州）とブルーステート（民主党支持が多い州）で色分けされた選挙地図がしばしば描かれることになる（地理学ではその際の地図表現がしばしば問題になるが，ここではその話題は置いておく）。

　このような選挙地図では，伝統的にアメリカの東北地方や西海岸に位置する州で民主党への支持が多く，中西部や南部で共和党支持が多い傾向にある。しかし，このような地域差は，常に事実のみを反映するのだろうか。たとえば，伝統的に民主党支持が多い州では共和党支持を表明しづらく，その逆もまた同様である場合，実

際の支持率には全く地域差が無かったとしても，世論調査の結果にはそれが表れることになる。社会的望ましさによるバイアスが，本来は無いはずの地域差（疑似的な地域差）を作り出してしまうことも，理屈の上ではありうるのである。

このような意味で，アメリカ合衆国大統領選挙をめぐる世論調査の問題は，統計調査によって地域性や地域差を把握することの難しさを考えさせられる出来事でもあった。

1 地域と統計，地理学

　統計的社会調査（以下，本書では単に「社会調査」と表記した場合もとくに断りの無い限りこの意味で用いる）は，（人文）地理学をはじめとする地域調査関連の諸分野においても，量的なデータを収集するための主要な方法の一つである。一般的には，「アンケート調査」や「質問紙調査」などとよばれることも多い。社会調査は，調査対象者に対する直接的な質問を通して，人々の意識や行動に関するデータを収集する方法として用いられており，地理学の教科書においても継続的に紹介されてきた（戸所 1989；McLafferty 2003；野間ほか 2012）。近年の学術誌掲載論文における利用状況をみても，社会調査が地理学の主要な研究手法の一つとして定着していることは確かであろう（埴淵 2013a）。

　その理由を端的にいえば，地域の姿を俯瞰的かつ正確に描き出すために，統計調査が不可欠な方法だからである。多数の調査対象者から回答を集めることで，地域（住民）の平均的ないしは全体的傾向を提示したり，その中で特徴的な場所や個人の動向に注目したりすることも可能になる。ある街にはどのくらいの人が住んでいるのか，高齢者はどこに多いのか，どのくらいの割合で未婚者がいるのか，それは隣町と比べて多いのかどうかなど，地域の基本特性といえるような側面はしばしば統計によって把握される。

　さらに，意識調査をおこなえば，国民性や県民性といった概念で知られるように，どのような価値観や考え方をもつ人がどこに多いのかも示すことができる。そのままでは理解が難しい複雑な地域の様子を，統計によって数値で把握し，それをもとに何かを論じたり表現したりすることもできるようになるのである。

　実際によく利用される地域統計としては，『国勢調査』『経済センサス』『住宅・土地統計調査』などの公的統計がまず挙げられる。これらはいずれも大規模な調査であり，かつ，全国的な値だけでなく，多様なスケールで部分地域（都道府県や市区

町村，町丁・字等など）の特徴を把握することができるように設計・表章されている。地域に関心をもつ諸分野では，地域統計をもとにさまざまな現象の空間的拡がりを描き出し，地域差の実態やその要因を探る目的でこれを使用してきた。ただし，調査項目は限られているため，公的統計のみで把握できる現象は決して多くない。

そこで，公的統計によって十分に把握できない事柄については，研究者が独自に統計調査を企画・実施することになる。人々の属性や意識，行動に関する統計調査は，社会学を中心とした社会調査法の対象であり，そこで方法論的な研究が進められるとともに，多数の統計的社会調査が実施されてきた。地理学では小規模な個別的調査が大半を占めるものの，近年の隣接諸分野では，多数の研究者が参加する共同研究チームや学会が中心となって大規模な社会調査を実施し，そのデータを公開することで学界の共通財産とするような統計データの利用促進が図られている[1]。

2 〈調査困難時代〉の到来

ところが近年，このような社会調査・地域調査における統計データ収集は，調査環境の悪化という問題に直面している。ここでいう調査環境の悪化とは，対象者からの回答を得ることが難しくなるような各種の状況的・環境的な変化を意味する。具体的には，オートロック付きマンションの増加や居住者の世帯構成・生活時間の多様化に伴い，調査対象者と接触することが困難になったこと，また，個人情報保護法の施行やプライバシー意識の高まりなどによって，個人の意識や属性に関する調査への協力が得にくくなったことなどが挙げられる。

このような調査環境の変化には，長期的なトレンドと短期的な出来事の両方が影響している。それをよく表すグラフが，図0-1に示した内閣府世論調査における回収率の推移である。国がおこなう世論調査にはさまざまなテーマがあるものの，一般にその調査規模は数千サンプル程度で，全国を対象とした無作為抽出法，訪問面接調査によって実施されており，時系列比較には適当な材料といえる。

この散布図からは，回収率が①戦後一貫して緩やかに低下してきた長期的傾向と，②2005年に急落しその後元のトレンドに回復する短期的な変動の二つが特徴とし

---

[1] たとえば社会学では，社会階層と社会移動全国調査（SSM: The national survey of Social Stratification and social Mobility），日本版総合的社会調査（JGSS: Japanese General Social Surveys），全国家族調査（NFRJ: National Family Research of Japan）などがある。

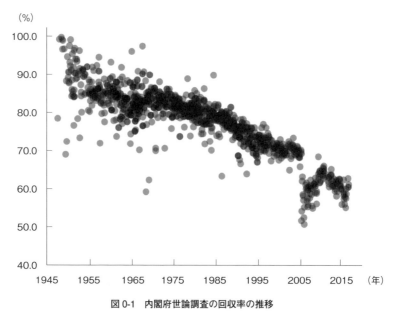

図 0-1　内閣府世論調査の回収率の推移

資料：保田ほか（2008）をもとに，2008年以降のデータを追加して作成。

て読み取れる。住宅環境やライフスタイル，プライバシー意識などは，長い時間をかけて，あるいは世代が移ることによって中長期的に変化する側面がある。この観点からみると，調査環境の悪化という傾向は以前から存在し，また繰り返し指摘され続けてきた問題でもある。他方で，2005年以降の急激な変化については，個人情報保護法の成立や個人情報の不正使用が引き金となった短期的な動きであった。

鈴木（2007）は「調査の終焉」と題した論考の中で，このような社会調査のトレンドを次のように表現している。

> 戦後にスタートした日本の世論調査（社会調査）は60年をへて終焉を迎えた。回収率はついに5割台（都市層や若年層は半数以下）にまで低下し，得るよりも失うほうが多い調査の時代がやってくる。住民基本台帳からの無作為抽出標本に対する訪問面接という標本調査の戦後体制は1960年代までには確立（成人）していたが，回収率は低下（老化）の一途で還暦を迎えたのである。（鈴木 2007：1）

このことが，単に量的調査における回収「数」の減少という問題にとどまらないことはいうまでもない。統計的社会調査の多くは，母集団の一部を抽出する標本調査であるため，未回収や無回答のケースが増加すると回収標本に何らかの偏りが生じ，母集団の傾向を誤って推定してしまう危険性が増すことになる。それゆえ，回収率を向上させるためのさまざまな実査上の取り組みや（岩井・稲葉 2008），回収率低下の要因分析（田辺 2003；保田ほか 2008；保田 2009）などが，重要な基礎研究として進められてきたのである。

　さらに，回収率の低下をはじめとする調査誤差の拡大は，地域分析における疑似的な地域差や地域相関を生み出す危険性をはらんでいる（埴淵ほか 2012a☞第 1 章）。それらは地域政策への誤ったエビデンスにもなりかねない。悉皆調査であり，かつ，長らく高い回収率を誇ってきた国勢調査も，近年は未回収や無回答に起因する「不詳」が大幅に増加しており，その信頼性が揺らいでいる。地理学や地域分析にとっても，今や，この調査環境の悪化は避けて通れない，深刻な方法論的問題となっているのである。

　このように，社会調査や地域調査をおこなう社会科学は，〈調査困難時代〉を迎えている。アメリカや日本の世論調査から端的に示されるように，統計データを収集することで地域や社会の姿を正確に描き出す試みは，従来型[2]の方法を用いている限り，ますます厳しい状況に陥りつつあるといえる。一方で，次の時代を担うかもしれない新たなデータ収集法も登場している。その一つが，訪問面接や郵送調査に替わる調査方法としての，「インターネット調査」(internet research, online survey などとよばれる）である。

3　インターネット調査の普及と地理情報

　インターネット調査とは，インターネットを介して調査依頼や回答が実行される調査全般の総称となっているが，本書ではとくに断りのない限り，現在最も一般的な調査方法であると思われる，「調査会社の登録モニター集団（リソース）を対象としたウェブ画面上での調査（パソコンやスマートフォン上で回答し，インターネットで情報を送信する方式）」を指して，この用語を使用する。

---

[2] 新しい調査法であるインターネット調査と対比させる意味で，母集団からの無作為標本抽出に基づく訪問面接調査や郵送調査などをまとめて，従来型（調査）と総称する。

主に今世紀に入ってから，インターネット調査はまず市場調査を中心に，その後，学術目的の社会調査においても利用されるようになってきた。情報通信技術の発達やインターネットの普及を背景として，従来型の訪問面接や郵送調査を上回る「早さ（迅速性）」と「安さ（廉価性）」を大きな利点に，急速な発展を遂げてきた。当初は懐疑的・批判的な意見が多かった学術利用に関しても，2000年代中頃の個人情報保護法施行や回収率低下の顕在化を受けて，真剣に検討すべき調査法の一つとみなされるようになった。迅速性・廉価性だけでなく，個人情報保護の観点，あるいは低回収率への一つの対応策としても注目が高まった結果と考えられる（村中ほか2014☞第4章）。

　しかし，本書で詳しくみていくように，この方法では国民や地域住民一般を母集団とする場合に無作為抽出ができないことから，標本の代表性をめぐる批判や懸念が依然として存在する。また，パソコンやスマートフォン上での回答が，いい加減な回答（不良回答）を誘発していないかなど，測定の精度についても，問題点が指摘されている。このような背景から，インターネット調査が学術利用に耐えうるものであるのかどうか，方法論的な議論が近年活発化している状況にある（轟・歸山2014；埴淵ほか2015☞第5章）。

　地理学においても，インターネット調査の利用例そのものはすでにみられる（古賀2011；村中・中谷2012；淺野ほか2013；矢部2014）。ところが，地域調査・地域分析での利用という観点からみると，インターネット調査では，詳細な位置（住所）情報を得ることが難しいという課題がある（村中ほか2014☞第4章）。なぜならば，登録モニターに対するインターネット調査はそもそも，訪問や郵送をする必要性が無いため，調査の過程で回答者の住所情報を知る必要がないためである。したがって，インターネット調査においては，従来当然のものとして存在した社会調査と位置情報のつながりが失われており，この問題を克服しなければ，社会現象のミクロ分析は可能になったとしても，その地理的分析は困難になる。これは地理学研究にとって憂慮すべき事態といえる。

　空間や場所の問題を扱う地理学は，何らかの現象がどこで起こっているのかを知ることに基礎的な価値をおく学問であるといえる。この意味で，近年の位置測位や地理情報処理の技術的な発展は，かつてないほどに多量かつ多様な建物や人，物の「位置情報」を生み出してきた（神武ほか2014）。スマートフォンなどの携帯端末に内蔵されるGPSによって，画像やテキストを含む時空間データも大量に蓄積され続ける。その一方で，「個人情報」に関するプライバシー意識が高くなることで，社

会調査と紐づけられた位置情報，すなわち，回答者の居住地や勤務地などに関する位置情報は，むしろ収集困難なデータになっているのである。

4 本書の目的

本書は，このような〈調査困難時代〉を背景とした，地域と統計をめぐるデータ収集の諸問題に対して，その現状と課題，そして方法論的な可能性を，具体的なデータをもとに議論していく。社会調査法そのものについては，標本抽出の理論的基礎から調査票の設計，実査上のテクニックに至るまで，すでに多数の専門書・教科書・実務書が刊行されている。それらに対して，本書の内容は次の二つの点で新たな貢献を目指すものである。

特徴1：統計調査の地理学研究

第一の特徴は，統計調査と地理学の方法論的な接点を探り，データの地理的な偏りを無視した場合に生じうる疑似的な地域差や地域相関の問題を提起することである。調査対象である個人に主たる関心をもつ社会調査法では，その個人が置かれた地域の環境がどのように個人のデータ収集に影響するのかについて，方法論的な議論が十分なされてきたとはいえない。他方で，地域に関心をもつ地理学では，地域調査法の一手法として統計調査をよく利用するものの，地域レベルの集計データに依存してきた歴史もあってか，調査プロセスへの関心が高いとはいえず，データ収集に関する議論そのものが少ない。

そこで本書は，データ収集から個票分析，地域分析に至るまでの各段階において，地理的側面がいかに統計調査に影響するのかを検討していく。たとえば，社会調査や国勢調査における未回収・無回答の地理的偏りの実態や，インターネット調査を利用した住所情報の収集や地域分析の有効性などを明らかにする。近年は，個票データの公開など利用環境が変化してきたことで，地理学でも個票データ分析を用いた研究（マルチレベル分析など）は増加している。この意味で本書は，地域調査法と社会調査法の交差点に位置づけることができ，〈調査困難時代〉に求められる基礎資料を提示するものといえる。

特徴2：インターネット調査の学術利用

第二の特徴は，インターネット調査の学術研究（とくに社会科学，地理学）への利

用可能性を，さまざまな角度から探ることである．インターネット調査をめぐっては，学術研究利用の困難性が数多く指摘されてきた一方，社会調査環境の悪化やインターネットの普及を背景としてこれを肯定的にとらえる向きも多くなってきた．研究分野によっては，すでに一般化した調査法として（方法論的議論があったかどうかは別にして）確立しているところもあれば，論文査読などで詳細な説明が必要になるようなケース，あるいは，信頼に値しない方法であるとして受け入れられない分野まで，評価が錯綜している状況にあると思われる．

社会科学や社会調査は，限られた資源の中で対象を観察して研究するという性質をもつ以上，100%正しい方法というものは想定しづらい．その中で，インターネット調査はすでに他の伝統的な調査法と比較して有効性を検討するに値する，大きな可能性を有した調査法であると考えられる．ただし，廉価性や迅速性のみを重視してなし崩し的にこの調査法が普及することには，慎重である必要がある．標本の代表性や測定精度の問題を継続的に議論し，基礎研究を積み重ねることと並行して学術利用を図るべきであろう．本書は，〈調査困難時代〉を本格的に迎えた 2000 年代後半以降の時期を対象に，実際のデータをもとにして，インターネット調査の諸問題を実証的に検討していく．

5　本書の構成

本書は全 8 章からなる 2 部構成であり，前半の第 I 部では，社会調査の回収率低下とその地域差（第 1 章），国勢調査「不詳」の増加と地域分析への影響（第 2 章，第 3 章），個人情報保護をめぐる動向（第 4 章）など，従来型の調査法が抱える諸問題を取り上げる．後半の第 II 部は，インターネット調査の学術利用に焦点を当て，調査誤差の問題の枠組み（第 5 章），標本の代表性に関する調査法の比較（第 6 章），「不良回答」を事例とした測定精度の検討（第 7 章），住所情報付き個票データの収集可能性と地域分析への影響（第 8 章）などを多面的に論じる．

本書の内容は，これまでに著者らがさまざまな学術雑誌に発表してきた関連論文を集め，コラム等に書下ろしの文章を加えたうえで，一冊の書籍として読みやすくなるように，適宜編集・修正等を加えたものである．ただし，一部の用語や統計表の表記などについては，初出論文との一貫性を優先して残した部分もあるため，若干の不統一な箇所がある点についてはあらかじめお断りしておきたい．なお，各章のもとになった論文は，巻末の「初出文献一覧」に記した．

【謝　辞】

　本書の作成にあたり，調査にご協力頂いた多数の回答者の方々に深謝いたします。

　本書およびそのもとになった論文の作成に際しては，以下の研究助成を受けました。JSPS 科研費基盤研究（A）：JP 17H00947「地理的マルチレベル現象の解明に向けた基盤的データの構築」（代表：埴淵知哉），若手研究（A）：JP 25704018「近隣環境の健康影響に関する地理学研究」（代表：埴淵知哉），特別研究員奨励費：21・6500「地理と歴史の文脈を考慮したソーシャル・キャピタル論の構築」（代表：埴淵知哉），基盤研究（A）：18201032「歴史都市における人為的災害からの防御による安全の構築」（代表：吉越昭久），文部科学省学術フロンティア推進事業「文化遺産と芸術作品を自然災害から防御するための学理の構築」（代表：土岐憲三），文部科学省 21 世紀 COE プログラム「文化遺産を核とした歴史都市の防災研究拠点」（代表：村橋正武）。

　日本版 General Social Surveys（JGSS）は，大阪商業大学 JGSS 研究センター（文部科学大臣認定日本版総合的社会調査共同研究拠点）が，東京大学社会科学研究所の協力を受けて実施している研究プロジェクトです。二次分析に当たり，東京大学社会科学研究所附属社会調査・データアーカイブ研究センター SSJ データアーカイブから「日本版 General Surveys〈JGSS-2010〉」（大阪商業大学 JGSS 研究センター）の個票データの提供を受けました。

目次

序 ———————————————————————— i
埴淵知哉

第Ⅰ部　従来型調査の諸問題

第1章　社会調査の回収率低下とその地域差 ———— 2
埴淵知哉・中谷友樹・村中亮夫・花岡和聖

1　統計的社会調査と回収率　*2*
2　データと分析方法：JGSS 回収状況データ　*6*
3　回収状況の概要と変化　*15*
4　回収状況の規定要因　*18*
5　地理的な調査環境の研究課題　*27*

第2章　国勢調査における「不詳」の増加 ———— 29
小池司朗・山内昌和

1　国勢調査における「不詳」の問題　*29*
2　回収状況と「不詳」の発生状況　*31*
3　5年前の居住地の不詳割合　*40*
4　「不詳」増加の影響と今後の展望　*45*

第3章　小地域でみる国勢調査「不詳」の分布 ———— 47
埴淵知哉・中谷友樹・村中亮夫・花岡和聖

1　悉皆調査の有用性と小地域レベルの「不詳」問題　*47*
2　データと分析方法：2010年国勢調査小地域集計　*49*
3　不詳率の地理的分布と関連要因　*52*
4　地域分析への影響と対処法　*62*
5　「不詳」問題のモニタリングと今後の課題　*65*

第4章　個人情報保護と新たなデータ収集法 —— 67
村中亮夫・埴淵知哉・竹森雅泰

1　社会調査と個人情報保護　67
2　法制度・倫理規定の整備と社会調査への影響　68
3　社会調査データの新たな収集方法　75
4　多様な調査法の利用に向けて　80

第II部　インターネット調査の諸問題

第5章　インターネット調査の学術利用 —— 82
■その現状と論点
埴淵知哉・村中亮夫

1　インターネット調査の広がりと評価の変遷　82
2　調査における「誤差」をめぐる枠組み　84
3　代表性の問題　86
4　測定精度の問題　88
5　新たな調査方法としての可能性　89

第6章　郵送調査との比較 —— 94
■代表性の問題
村中亮夫・中谷友樹

1　インターネット調査と仮想市場評価法　94
2　二種類の調査方法　96
3　回収データの概要　98
4　データ収集方法がWTPに与える影響　102
5　仮想市場評価法への利用可能性と課題　107

第7章　「不良回答」の処理 —— 111
■測定精度の問題
埴淵知哉・村中亮夫・安藤雅登

1　インターネット調査における「不良回答」問題　111
2　調査の概要と標本の特徴　113
3　「不良回答」の特徴と分析結果への影響　118
4　研究利用に向けての留意点　125

第8章　住所情報の収集 ——————————— 129
■地理情報の問題　　　　　　　　　　　　　埴淵知哉・村中亮夫
1　地域調査としてインターネット調査が抱える欠点　*129*
2　分析に用いたデータの概要　*130*
3　住所情報提供の諾否と関連要因　*133*
4　個人および地域レベルの分析に対する調査法の違いの影響　*136*
5　住所情報の収集と地域分析の可能性　*144*

コラム①　レア・サンプル対象の調査（埴淵知哉）　*92*
コラム②　睡眠と騒音の疫学研究の場合（埴淵知哉）　*109*
コラム③　住所情報のジオコーディング（埴淵知哉）　*146*

　文献一覧　*148*
　あとがき　*156*
　初出文献一覧　*159*
　事項索引　*160*
　人名索引　*162*

第Ⅰ部
従来型調査の諸問題

第1章 社会調査の回収率低下とその地域差

埴淵知哉・中谷友樹・村中亮夫・花岡和聖

本章の問い

◎社会調査の回収率に地域差はあるのか？
◎あるとすれば，その地理的な要因は何か？
◎回収率に地域差があると何が問題なのか？

　本章では，回収率の地域差とその規定要因を明らかにすることを目的として，全国規模の訪問面接・留置調査を実施している JGSS（日本版総合的社会調査）の回収状況に関する個票データを分析した。分析の結果，接触成功率・協力獲得率には都市化度や近隣の居住地区類型（ジオデモグラフィクス）によって大きな地域差がみられた。この地域差は，個人属性や住宅の種類などの交絡因子，さらに調査地点内におけるサンプルの相関を考慮したマルチレベル分析によっても確認された。したがって，回収状況は個人だけでなく地域特性によっても規定されており，さらに，都市化度のような系統的な要因に加えて，ローカルな調査環境とでもよびうる地域固有の文脈的要因の存在も示唆された。

1 統計的社会調査と回収率

■ 1-1 社会調査における回収率の低下

　統計的社会調査においては，回収率が調査の信頼性・妥当性を測る一つの基準となる。しかしこの回収率は，現在，危機的な状況にあるといって過言ではない。近年では，研究者・民間企業による社会調査や政府統計における回収率の大幅な低下が確認されており，調査環境の悪化がしばしば指摘されている（平松 2006；安藤 2009）。

社会調査の回収率は長期的に低下してきたものの，2005年を境として大幅な低下がみられるという（Inaba 2007；保田ほか 2008）。保田ほか（2008）は，2005年以降の低下傾向がそれまでと全く異なる「未曽有の事態」であると指摘している。またInaba（2007）は，個人情報の不正使用による犯罪の増加と個人情報保護法の成立が社会調査環境に大きな影響を与えたことを指摘し，とくに従来高い回収率を示していた高齢女性において回収率の低下が著しいことを報告した[1]。

　社会調査では，対象となる母集団の一部を抽出した標本調査を実施し，得られたデータをもとに各種の集計や分析をおこなうことで，推論を通じて母集団に一般化された知見の獲得を目指すことが多い。このような推論は，母集団の特性を十分に反映した代表性の高い標本によって妥当なものとなる。もし回収率の低下が何らかの選択バイアスを伴う場合，得られたデータの分析結果やその解釈は不確実なものとならざるを得ない。したがって，回収率の向上は非標本誤差を小さくし，信頼性と妥当性の高い推定をおこなう上で重要な課題となる。

　地理学においても，社会調査は地域調査の重要なツールとして利用されており，回収率低下に伴う問題は避けて通れない。さらに地理学的研究の場合は，回収率によって疑似的な地域差が観察されうる点に注意が必要である。たとえば，地域の「インターネット利用率」が知りたい場合に，高齢者層で回収率が高く，インターネット利用率が低いと仮定すると，得られた標本から推定される各地域の利用率には高齢化率によってバイアスのかかった地域差が観察されてしまう。したがって，回収率に地域差がみられるのかどうか，あるとすればそれはどの程度で，どのような地域特性によって説明されるのかを明らかにすることは，重要な基礎的研究課題となる。

■ 1-2　回収率の規定要因に関する先行研究

　2005年以降の調査環境は従来のそれと大きく異なっており，近年，回収率の低下や調査拒否への対応をめぐる新たな議論が活発化している。とくに，回収不能の要因を直接的に探る調査や，回収率を高めるための実査上の工夫については，数多くの報告や提案がなされてきた[2]。

1）篠木（2010）は，2005年の特徴として，個人情報保護法の施行に加えて，代表的な調査機関による世論調査のデータ捏造問題の発覚と，国勢調査をめぐる記入済み調査票の紛失といった問題を指摘し，これらが「2005年ショック」とでもいうべき回収率急落の原因になった可能性を指摘した。

他方で，非回収ケースに生じているバイアス，つまりどのような属性をもつ個人や地域において回収率が高かったり低かったりするのかを把握しようとする，より基礎的な研究も進められている（田辺 2003；崔田 2008；三隅・三輪 2008；三輪 2008；保田 2008）。欠票分析ともよばれるこれらの研究は，短期的な回収率の上昇に結びつくというよりも，偏りの実態を把握することで分析への影響を考慮し，中・長期的な調査法の検討に寄与する研究と位置付けられる。

従来の研究では，回収率は，一般に男性・若年層・都市部で低いことが知られている（崔田 2008；三隅・三輪 2008；三輪 2008；保田 2008）。崔田（2008）が示した 1987–2007 年のデータ（読売新聞社の面接調査）によると，都市規模が大きいほど回収率が低い傾向は，約 20 年間変化していない。しかも保田（2008）によると，対象者の年齢や性別，調査員の属性を統制したうえでも，都市化の度合い（市郡規模）は，対象者との「接触不能」と調査への協力「拒否」の両方に影響するとされ，都市化度が回収率に対して独立した効果をもつことが示唆されている。

このような地域特性による回収率の違いは，上述のような疑似的な地域差を生じさせる危険性を高めることから，地理学においてとくに注目すべき課題となる。何らかの現象の地域差を問題にしようとする調査そのものが地域差の影響を受けることで，データに系統的な偏りが生じ，結果として適切な分析や解釈が困難になることもありうるからである。社会調査によって地域の特性や地域差を明らかにしようとする場合，回収率の地理的なバイアスを把握することで，データから地域の多様性や代表性についてどこまで論じられるのかを見極める必要がある。

また，地理学的には，地域特性が回収率に与える影響それ自体も，興味深い研究対象といえる。調査における回収／非回収は最終的な結果であり，そこには対象者の個人属性や，社会調査に対する理解や信頼，あるいは見知らぬ他者からの接触に対する意識・行動などが複雑に影響している。それらの地理的な分布が回収率の地域差の土台となり，人々の社会的・空間的相互作用が加わることで，地域の特性に応じた調査環境が形作られている可能性も考えられるからである。

しかし，「都市化度」という一次元の尺度によって地域の特性が十分に反映でき

2）たとえば，「調査結果がどう役立つのか分からない」「調査員が自宅に来る」といった不信・不安の強さが明らかにされており（関根 2007），回収率の低下はとくに面接調査において深刻とされる（安藤 2009）。実査上の工夫としては，謝礼のタイミング（岩井・稲葉 2008）の影響分析や，調査員の行動把握を通じて回収率を改善させる方法が検討されてきた（保田ほか 2008；保田 2009）。

るのかどうかは，検討の余地がある。都市化度はその簡便性もあって，多くの社会調査で利用されてきたが，たとえば，都市地理学的な都市圏概念に沿って考えるならば，都市中心と郊外の機能的な違いを識別する必要があり，また近年ではジオデモグラフィクスとして知られているような小地域単位での居住地区類型なども，地域の特性をより柔軟に反映した指標として検討に値するであろう。

■1-3 本章の目的

このように，近年の社会調査環境には大きな変動があり，回収状況の規定要因を明らかにする意義は高まっている。個人属性や地域特性による回収率の差，言い換えると，社会調査における人口学的・社会経済的・地理的な「一票の格差」の実態を把握するための基礎研究が求められる。このことは，回収率改善に向けた示唆を得るだけでなく，回収率の違いを考慮したサンプリングや調査法を設計する基礎資料にもなる。とりわけ先行研究では，地域特性の影響は十分に検討されていないため，地理学の視点に基づく詳細な解析が求められよう。

そこで本章では，日本全国を対象とする社会調査である JGSS [3] (Japanese General Social Surveys: 日本版総合的社会調査) の回収状況に関する個票データを用いて，各種の個人属性および地域特性が回収状況とどのように関連しているのかを定量的に分析する [4]。とくに重視するのは，以下の諸点である。

第一に，「回収／非回収」という最終的な回収状況ではなく，まず調査員が対象

---

3) JGSS は，日本人の意識や行動を総合的に調べる社会調査として，2000 年から継続的に実施されている全国規模の反復横断調査である。調査項目は，就業，世帯，余暇，健康，犯罪，政治，家族など多岐にわたり，2010 年までに 8 回の調査を実施している。JGSS のデータは，データアーカイブを通じて利用申請することで入手できる。ただし，回収状況に関するデータは一般公開データには含まれないため，追加データ・情報の利用申請を行い分析の許可を得た。同調査の詳細については，谷岡ほか (2008)，および JGSS 研究センターウェブサイト (http://www.jgss.daishodai.ac.jp/index.html) などを参照して頂きたい。

4) 埴淵ほか (2011) は，JGSS の 2000-2006 年の回収状況データを用いて，各種の地域変数と回収率の関連を検討した最初の報告である。それによると，都市化度と回収率は必ずしも線形関係には無いこと，都市中心よりも郊外において回収率が高い傾向にあること，地域の所得水準なども回収率を規定する要因として考えられることなどが指摘されている。本章の分析は，そこでの問題意識を踏襲しつつ，利用する変数や統計分析をより適切なものとし，回収状況に対する地域特性の影響を，多角的かつ厳密に明らかにすることを目指したものである。

者と会うことができたかどうか（「接触成功／失敗」）と，接触に成功した場合に協力が得られるかどうか（「協力／拒否」）という二段階のプロセスを識別する。一概に非回収といってもその理由はさまざまであり，調査段階に応じた規定要因の分析が重要になるからである。第二に，対象者の年齢・性別に加えて，住宅の種類，さらに調査員の属性を考慮した分析をおこなう。とくに住宅の種類は「接触成功／失敗」に影響する重要な変数と考えられ，しかも明らかに地域差が予想されるために，これが地域特性と回収率の間の疑似相関をもたらしているかもしれないからである[5]。第三に，分析手法としてデータの階層性を考慮したマルチレベル分析を用いる。この手法により，より厳密に標準誤差を推定するとともに，可能な限り個人の影響を取り除いた上でも回収率に地域特性による文脈的な影響がみられるのかどうかを明らかにする。

2 データと分析方法：JGSS 回収状況データ

■2-1 回収状況に関する個票データ

回収率の規定要因を探る上では，個々のケースの回収状況を記録した個票データの分析が有効である。個票データの分析によって，集計値（たとえば地区別の回収率）に基づく地域相関分析による生態学的誤謬[6]の危険性を回避でき，また疑似相関の可能性を減らすための適切な変数統制もしやすくなるからである。何らかの地域特性と回収率の間に関連がみられたとしても，それが住民の年齢構成などの構成的な因子（compositional factor）によって説明されるのか，あるいはその影響を取り除いたうえでもなお都市化度などの地域の文脈的な因子（contextual factor）の効果が認められるのかは地理学的にも注目される点であろう。回収率に対するそれぞれの独立した影響を適切に把握するためには，個人および地域の情報を併せもった個票レベルのデータ解析が必要になる。

[5) たとえば三輪（2008）は，市郡規模による接触不能率の違いが，住居の種類を考慮することでほとんどみられなくなることを示している。
[6) 生態学的誤謬（ecological fallacy）とは，集計レベルの分析（エコロジカル分析）から得られた結果を，個票レベルの結果に置き換えることで生じる推論上の過誤のことである（Robinson 1950）。仮に地域（集計）レベルの分析では正の相関関係がみられたとしても，それを個人レベルに分解して同じ二変数間の関連を調べた場合，相関が無かったり負の相関を示したりすることもありうる。

本研究では，JGSS-2005（2005年調査）およびJGSS-2006（2006年調査）における回収状況データを分析に用いる。個票データであることに加えて，回収状況の内訳（非回収の理由）および地域特性がわかる点でも有効なデータである。

　JGSSでは，調査対象者の抽出方法として層化二段無作為抽出法が採用されており，地域ブロックと市郡規模により層化された18層（JGSS-2005）もしくは24層（JGSS-2006）に基づいて，標本数および標本抽出をおこなう調査地点数が配分される。まず，国勢調査の際に設定された基本単位区をベースとして調査地点の抽出（1段階目の抽出）を行い，次に抽出台帳（原則として選挙人名簿）を用いて，地域条件と年齢条件を満たす調査対象者個人を1地点当たり15名程度抽出する（2段階目の抽出）[7]。

　調査にあたっては調査員が対象者の自宅を訪問し，回答者には面接および留置調査票への回答を依頼し，面接調査の前あるいは後に，留め置いた調査票への記入が依頼される（訪問面接および訪問留置法）。調査員は一定のルール（対象者と会えるまで4日以上訪問する，など）のもとで対象者を訪問し，回収の有無にかかわらず回収状況と訪問記録を調査票に記入する。さらに，最終的に回収できなかったケースについては，その理由（9種類）のほか，対象者の住宅の種類についても調査員による記録が残される。その他に得られる情報としては，調査対象者の年齢，性別，地域ブロックなどがあり，さらに調査員の属性（年齢，性別，経験年数）に関するデータも記録されており分析に利用することができる。

　表1-1は，JGSS-2005およびJGSS-2006の調査方法および回収状況に関する概要をまとめたものである。本章で分析に使用するのは，2005・2006年の計画標本12,500ケースである。JGSSによる公式回収率はそれぞれ50.5%と59.8%であり，この間10%ポイント近く上昇している[8]。JGSSにおいても回収率は2000年から緩やかな低下傾向にあったが，謝礼の前渡し（の復活）や，依頼文の工夫，封筒や切手，宛名書きに関する変更などの工夫によって，2006年には改善がみられた（保田ほか2008）。また，この回収率の上昇は都市的な地域でより顕著にみられたということ

---

7) 標本の抽出方法の詳細については，『日本版 General Social Surveys 基礎集計表・コードブック』〈http://jgss.daishodai.ac.jp/research/res_codebook.html〉の各年版に記載されている。
8) JGSSの公式回収率は，転居などの理由による非回収ケースを計算から除いている。本章で「回収率」という場合には，単純に有効回収数を計画標本サイズで除した単純回収率を指すものとする。

表 1-1 JGSS-2005 および JGSS-2006 における調査方法と回収状況の概要

		JGSS-2005	JGSS-2006
調査地域		全国	
調査対象		調査時点で満 20 歳以上 89 歳以下の男女個人	
抽出方法		層化二段無作為抽出法	
調査年		2005 年	2006 年
調査地点数		307	526
計画標本数		4,500	8,000
有効回収数		2,023	4,254
無効票	拒 否	1,571	2,094
	住所不明	79	154
	転 居	190	315
	長期不在	53	131
	一時不在	408	766
	病気・ケガ・聴力／言語障害	96	148
	入院中・入所中	54	91
	死 亡	11	17
	その他	15	30
(無効票数合計)		2,477	3,746
接触成功率		79.9%	79.4%
協力獲得率		56.3%	67.0%
単純回収率		45.0%	53.2%
公式回収率*		50.5%	59.8%

＊JGSS 公式回収率の計算式では，計画標本から「調査対象者として不適格であった標本」(住所不明・転居・死亡・長期不在・病気・入院・その他の理由）による欠票を除いた数が分母となる。

も報告されている（埴淵ほか 2011）。

　本章の分析で，2005・2006 年の二時点のデータを用いる一つの理由はここにある。2005 年は社会調査全般で回収率が大きく低下した時期にあり，JGSS においても年次ベースでみると過去最も低い回収率を記録した。他方で，翌年の調査では同様の厳しい調査環境にありながら，調査法の工夫によって回収率を改善させている。このような特徴的な二時点の回収状況を詳しく分析することで，回収率の規定要因をより多面的に探ることができると考えられる。なおもう一つの大きな理由は，対象者の住宅の種類に関する記録が 2005 年以降しか残されていないことである。すでに述べたとおり，住宅の種類は，地域特性と回収率の間の疑似相関を生む可能性が高く，地域特性の文脈的な影響を明らかにするための重要な変数となる。

■2-2 回収状況の分類

表1-1に示されるように,調査票が回収できなかった理由にはさまざまなものがある。ここでは保田 (2008) にしたがい,回収状況を図1-1のように整理して分析に用いる。この枠組みの要点は,非回収が発生する要因を,対象者との接触に成功するかどうかと,接触に成功した場合に調査への協力が得られるかどうかの二段階に分けて考えることにある。調査環境との関連からみると,単身世帯の増加などは前者,プライバシー意識の高まりなどは主に後者に影響することで,結果的に回収率の低下をもたらすものと考えられる。当然,回収率改善に向けた取り組みについても別個の選択肢が考えられるため,両者を識別することは妥当なものといえる。

表1-1に示された9種類の非回収(無効票)の要因のうち,「拒否」を除く8種類の要因については,第一段階での「接触失敗」とみなした。続いて第二段階では,有効回収のケースを調査への「協力獲得」,拒否による非回収を「調査拒否」に分類した。したがって最終的な回収状況としては,「協力獲得 (a)」「調査拒否 (b)」「接触失敗 (c)」の三つのステータスが得られる。ここから,「接触成功率」と「協力獲得率」,そして最終的な「回収率」を以下のように示すことができる。

接触成功率 = $(a+b) / (a+b+c)$
協力獲得率 = $a / (a+b)$
回収率 = 接触成功率×協力獲得率 = $a / (a+b+c)$

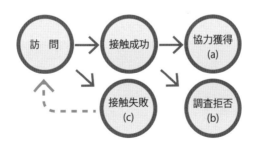

図1-1 回収状況の分類に関する概念図
資料:保田 (2008) および保田ほか (2008) をもとに筆者作成。
注:実際の訪問プロセスにおいては,一度接触に失敗しても複数回にわたって訪問を繰り返すため,「接触失敗」の後に再度「訪問」というループが存在するが,本章では最終的な回収状況のみを対象とするため計算上考慮されない。

以上の手順に従って分類した結果，JGSS-2005 では接触成功率 79.9%，協力獲得率 56.3%，最終的な（単純）回収率が 45.0% となり，JGSS-2006 では接触成功率 79.4%，協力獲得率 67.0%，回収率が 53.2% となった。2005 年と 2006 年では接触成功率は変わらないものの，協力獲得率に 10% ポイントほどの違いがあり，このことが回収率の改善に表れている。

■2-3 地域特性に関する指標

続いて，地理的な規定要因を探るために，あらかじめデータに含まれている地域ブロックに加えて，次の二つの指標を地域特性として分析に利用した。調査対象者の居住地（抽出地点）に基づき，①都市圏の規模と都市圏内での中心／郊外の区分を組み合わせた指標「修正都市雇用圏」と，②小地域単位での居住地区類型を表すジオデモグラフィクス「Mosaic グループ」の情報を個票データに結合し，分析に利用した[9]。

修正都市雇用圏は，金本・徳岡（2002）によって提案された 2000 年基準の都市雇用圏（UEA：Urban Employment Area）をもとに，大都市をさらに東京特別区および政令指定都市（2000 年時点）からなる「大都市」とそれ以外の「中都市」に細分化し，都市圏に含まれない市町村を「非都市圏」に分類した修正版である[10]（埴淵ほか 2010）。市町村を単位として，「大都市中心／大都市郊外／中都市中心／中都市郊外／小都市中心／小都市郊外／非都市圏」という 7 カテゴリが区分される。この指標では，DID（人口集中地区）人口と通勤率によって中心都市と郊外都市が設定されており[11]，都市化度を一次元でとらえるのではなく，都市圏を都心と郊外からなる機能的地域として定義する点に特徴がある。なお都市雇用圏については 2005 年基準のデータも公開されているが，市町村合併による精度の低下を避けるために，こ

---

9) 調査地点情報は一般公開データには含まれていないため，追加データ・情報の利用申請を行い，承認を受けて分析を実施した。データリンケージの方法については，中谷・埴淵（2009）および埴淵ほか（2010）において詳しく整理されている。
10) ただし，埴淵ほか（2010）では，本章でいう「大都市」には「政令都市」，「中都市」には「大都市」，「非都市圏」には「その他」という名称が用いられているため，分類自体は同じであるもののカテゴリ名が異なる。
11) 基本的には，DID 人口が 1 万以上で他都市の郊外でない市町村を中心都市とし，中心都市への通勤率が 10% 以上の市町村を郊外都市として都市圏が定義される。ただし，都市雇用圏の設定基準には，同一都市圏内に複数中心都市が存在することを許容するなどのより複雑な条件があるため，詳細は金本・徳岡（2002）を参照して頂きたい。

こでは 2000 年基準のデータを用いた。

 Mosaic グループは，アクトンウィンズ株式会社によって販売されている，日本全域を対象とするジオデモグラフィクス製品（Mosaic Japan）の大分類である。ジオデモグラフィクスとは，近隣レベルの小地域（町丁・字）を単位とした居住地区類型であり，社会地区分析および因子生態分析においておこなわれてきた居住者特性に基づく地区類型と類似したデータセットである。本章で利用した Mosaic Japan は主として 2000 年国勢調査の小地域統計による居住者特性に関する指標がクラスター分析に利用されている[12]。

 このうち，大分類に相当する「グループ」は，A–K までの 11 カテゴリからなる指標であり，これに「未分類」+「不明」を加えた 12 カテゴリの変数として分析に用いた。たとえば A 類型には「大都市のエリート志向」というグループ名が付けられており，「40 歳代以下の比較的若い世代が中心で，かなりの高収入を得ており，高額納税者の部類に入る人たちも多い地域」という説明がなされている。その他のグループ名は，「B：入社数年の若手社員」「C：大学とその周辺」「D：下町地域」「E：地方都市」「F：会社役員・高級住宅地」「G：勤労者世帯」「H：公団居住者」「I：職住近接・工場町」「J：農村及びその周辺地域」「K：過疎地域」となっている[13]。この地区類型が，地域の健康水準や社会関係の特徴を反映することは中谷・埴淵（2009）や中谷（2011a），村中ほか（2011），Kimura et al.（2011）において報告されていることから，地域特性との関連を探索するための簡便な指標として有用であると考えられる。

---

12) 利用したデータ・リストを含めクラスタリング作業の詳細は公開されていないが，英国において Mosaic の一連の製品を開発してきた Richard Webber（Experian 社，University College of London 客員教授）が，日本版である Mosaic Japan の作成を担当しており，彼が用いるクラスタリング作業の一般的な手順については Harris et al.（2005）に整理されている。それによれば，次のような段階を経て指標の作成が進められたと考えられる。①小地域の諸変数を分野ごとに大分類し，変数間の冗長性を考慮して各変数に重みを与える。②居住人口を重みとする K-means 法を利用して，地区単位をクラスタリングする。③得られた地区類型（クラスター）間の識別性を考慮して，地区類型の分割・統合を伴う調整をおこなう。④さらに地区類型を階層的にクラスタリングし，大分類的な地区類型を作成しつつ，類型間の関連性を整理する。⑤最後に名称と類型の特徴を整理する。
13) 各グループの概要については，Mosaic Japan のウェブサイト〈http://www.awkk.co.jp/mosaic/〉に記載されている。

■2-4 統計分析の手法

以上の手順を経て作成された回収状況データを用いて，まず個人属性および地域特性ごとに接触成功率や協力獲得率を算出する。さらに，修正都市雇用圏やMosaicグループによる回収状況の地域差が，調査対象者の個人属性をはじめとする他の要因によって説明されるのか，それらを考慮してもなお独立した関連を示すのかを探るために，多変量解析（マルチレベル・ロジスティック回帰分析）をおこなう。

ここで，多段抽出によって選ばれた同一調査地点内の個人は，互いに独立しているというよりも何らかのまとまり（類似性）をもつ可能性が高い点に注意が必要である。さらに回収状況の場合，基本的に一つの地点を同じ一人の調査員が担当するため，調査員単位でもサンプル間に相関が生じることが予想される。このようなクラスター化したデータは，通常の回帰分析が想定するサンプル間の独立性が満たされないため，一般に標準誤差が過小推計されやすく，第一種の過誤をもたらす危険性が高くなる。

そこで本章の分析では，調査地点内でのサンプルの類似性を考慮した統計学的補正のために，マルチレベル分析（クレフト・デ＝リウー 2006）を利用した[14]。マルチレベル・モデルにおいては，誤差項を個人（レベル1）だけでなく集団（レベル2以上）についても仮定し，個人だけでなく集団もより大きな集団（母集団）から抽出されたものとみなす点に特徴がある。本章で用いるのは，切片のみに集団レベルの誤差項を仮定するモデル（ランダム切片モデル）であり，従属変数が二値（$y_i \in \{0, 1\}$）のロジスティック回帰モデルの場合，次のような階層的モデルとして定式化される。

$$y_i \sim Bernoulli(p_i) \quad (1)$$
$$\log\left(\frac{p_i}{1-p_i}\right) = \beta_{0j} + \sum_k \beta_k x_{ki} \quad (2)$$
$$\beta_{0j} = \gamma_0 + \sum_l \gamma_l z_{lj} + \varepsilon_j \quad (3)$$
$$\varepsilon_j \sim N(0, \sigma^2) \quad (4)$$

---

[14] マルチレベル分析は混合効果モデルや階層線形モデルなどともよばれ，教育学や公衆衛生学を中心に応用が進んでいる。地理学では空間的な階層性をもつ現象解析に関する問題意識もあって，比較的早くから研究されてきた（Jones 1991）。クラスター化したサンプル特性とその回帰分析における問題は，地理学におけるサンプルの空間的自己相関（空間的従属性）とその回帰分析における問題（中谷 2003）と同等であり，マルチレベル分析は空間的従属性を考慮した誤差項をもつ空間回帰分析モデルの一種とみなすこともできる。

ただし，添字 i はサンプルである個人，添字 j は個人 i が属する集団（本研究では調査地点）の識別子である。(1) および (2) 式はレベル 1 (個人) のモデルであり，(1) 式では，個人 i の従属変数が 1 となる確率 p_i に基づいた試行（ベルヌーイ試行）の結果として，従属変数の実現値が観測されるとの想定が示されている。ただし，Bernoulli (p_i) は確率 p_i で 1，$1-p_i$ で 0 をとるベルヌーイ分布であり，〜は，左辺が右辺の確率分布に従うことを示す記号である。この個人間で互いに独立な誤差の想定が，レベル 1 の誤差項に相当する。また，(2) 式に示すように，ロジスティック回帰分析では，この p_i の対数オッズ（左辺）が，通常の重回帰分析と同様な線形予測子（右辺）となるように定式化されている。ここで，x_{ki} は種類 k 個人 i の個人レベルの独立変数，β_k はその係数であり，β_{0j} は切片（定数項）に相当する。ただし，切片を表す β_0 には集団 j の添字があり，集団ごとに切片の違いが許容されている点が通常のロジスティック回帰モデルとは異なる。

この集団レベルの切片の変動を記述する (3) および (4) 式はレベル 2 (集団) のモデルである。ここで，z_{lj} は種類 l 集団 j の集団レベルの独立変数，γ_l はその係数（γ_0 は集団レベル変動の切片），ε_j は集団間で互いに独立した正規分布によってモデル化された集団レベルの未知の変動成分であり，これがレベル 2 の誤差項である。この ε_j の分散 σ^2 が大きいほど，独立変数では説明できない集団間の変動成分が大きく，0 であれば，このモデルは通常のロジスティック回帰分析のそれと一致する。

具体的な分析としては，まず全ケースを対象として，接触の可否（成功 =1，失敗 =0）を従属変数としたモデルを検討する。次に，接触に成功したケースのみを対象として，協力獲得の可否（協力 =1，拒否 =0）を従属変数としたモデルを検討する。分析は 2005 年と 2006 年を分けて行い，それぞれについて，切片のみ投入した Model 1，それに修正都市雇用圏と地域ブロックを加えた Model 2，さらにすべての統制変数を加えた Model 3，Model 1 に Mosaic グループと地域ブロックを加えた Model 4，それにすべての統制変数を加えた Model 5 を検討した。統制変数には，マクロな地域差を示す地域ブロックのほか，調査員の属性（年齢，性別，登録年数），調査対象者の個人属性（年齢，性別）および住宅の種類を用いた。

本研究では，調査対象者個人をレベル 1，調査地点をレベル 2 とする二階層を設定した。それぞれの階層における利用変数およびサンプル数は，表 1-2 に示すとおりである[15]。なお，分析用のソフトウェアには MLwiN 2.19 を利用し，パラメータの推定は二次のテイラー展開を用いた Predictive (or penalized) quasi-likelihood (PQL) によっておこなった。

表1-2 分析に利用した変数一覧

			JGSS-2005 n	JGSS-2006 n
レベル2 (調査地点)	修正都市雇用圏	大都市中心	1,053	1,894
		大都市郊外	1,186	2,241
		中都市中心	985	1,486
		中都市郊外	685	1,183
		小都市中心	291	471
		小都市郊外	142	345
		非都市圏	158	380
	Mosaic グループ	A	386	676
		B	336	555
		C	134	242
		D	365	395
		E	775	1,372
		F	207	394
		G	223	654
		H	57	257
		I	711	1,174
		J	280	433
		K	59	78
		U & Missing	967	1,770
	地域ブロック	北海道・東北	547	969
		関東	1,463	2,608
		中部	824	1,465
		近畿	732	1,300
		中国・四国	420	744
		九州	514	914
	調査員性別	男性	949	1,595
		女性	3,551	6,405
	調査員年齢	50歳未満	669	944
		50-64歳	2,702	4,822
		65歳以上	1,129	2,234
	調査員登録年数	0-5年	2,138	3,505
		6-11年	906	2,061
		12-17年	776	1,244
		18年以上	680	1,190
レベル1 (調査対象者個人)	性別	男性	2,197	3,919
		女性	2,303	4,081
	年齢	20-34歳	1,018	1,803
		35-49歳	1,066	1,982
		50-64歳	1,352	2,300
		65-89歳	1,062	1,915
	住宅の種類	一戸建て	3,197	5,706
		集合住宅	1,081	2,077
		不明	222	217

3 回収状況の概要と変化

■3-1 接触成功率と協力獲得率の概要

　表1-3は、地域特性・個人属性などに関する変数ごとに、回収率、接触成功率、協力獲得率をまとめたものである。これをもとに、ここからは個人属性および地域特性による接触成功率・協力獲得率の差を確認していく。

　まず修正都市雇用圏についてみると、接触成功率および協力獲得率は概ね都市的な地域ほど低く、また中心に比べて郊外のほうで高い傾向がみられた。たとえば、「大都市中心」は接触成功率・協力獲得率ともに低い値を示し、JGSS-2005ではそれぞれ73.0%と47.3%（したがって回収率は両者の積である34.6%）であった。最大値との差は、接触成功率で15%ポイント程度、協力獲得率では25%ポイントに達し、これは年齢や性別といったよく指摘される回収率の規定要因における差と比べても同等かそれ以上に大きい。ただし、最も都市化度が低いと思われる「非都市圏」の接触成功率・協力獲得率は決して高くなく、JGSS-2006の接触成功率はむしろ最も低い点が注目される。都市化度と回収率の関係が必ずしも線形ではないことはすでに指摘されているが（埴淵ほか 2011）、これは接触と協力の両方のプロセスについて当てはまるといえそうである[16]。

　続いてMosaicグループ内のカテゴリによる差を確認すると、修正都市雇用圏と同様に大きな差がみられる。JGSS-2005の協力獲得率はとくに顕著であり、最も低いH類型の42.2%に対して最も高いK類型は74.0%という値を示した。さらに接触成功率を掛け合わせた回収率をみても、A類型（30.6%）とJ類型（65.0%）の間には二倍以上の差が生じている。カテゴリ数が多く細分化されている点を考慮しても、このような地区類型が回収率と強く関連していることが窺えるであろう。これは、Mosaicグループによる地区類型が、都市化度だけでなく地域の所得水準を含む多様な側面を要約しており、回収状況を規定する各種要因をある程度適切に反映している可能性を示唆する。

---

15) 同じ地点は一人の調査員が担当するため、地域特性に加えて調査員属性もレベル2の独立変数として投入される。

16) たとえば平松（2006）は、都市に比べて農村が協力的であると安易に決めつけることは危険であると指摘し、農村が外部に対して警戒的である一方、上の意向には従う、皆で同一の行動をとる、といった傾向があるとして、入れてもらえれば回収率は高い半面、拒否される場合には全員に拒否される、という可能性を指摘している。

表 1-3 個人属性・地域特性による回収率・接触成功率・協力獲得率の差とその増減（%）

		JGSS-2005			JGSS-2006			2005-2006 増減		
		回収率	接触成功率	協力獲得率	回収率	接触成功率	協力獲得率	回収率増減	接触成功率増減	協力獲得率増減
修正都市雇用圏	大都市中心	34.6	73.0	47.3	44.2	73.7	60.0	9.6	0.6	12.7
	大都市郊外	38.1	79.2	48.1	51.4	80.0	64.3	13.3	0.8	16.1
	中都市中心	48.1	81.8	58.8	57.2	81.2	70.4	9.1	-0.6	11.6
	中都市郊外	58.7	87.4	67.1	61.5	83.7	73.4	2.8	-3.8	6.3
	小都市中心	55.7	77.0	72.3	56.3	84.5	66.6	0.6	7.5	-5.7
	小都市郊外	62.7	88.7	70.6	64.1	83.5	76.7	1.4	-5.3	6.1
	非都市圏	50.6	82.9	61.1	53.2	73.2	72.7	2.5	-9.8	11.6
Mosaic グループ	A	30.6	71.8	42.6	39.6	69.8	56.8	9.1	-1.9	14.2
	B	35.1	76.2	46.1	46.7	74.1	63.0	11.5	-2.1	16.9
	C	44.0	72.4	60.8	52.5	73.1	71.8	8.4	0.8	10.9
	D	40.5	77.5	52.3	57.7	79.5	72.6	17.2	2.0	20.3
	E	44.4	82.1	54.1	53.4	80.5	66.4	9.0	-1.6	12.3
	F	45.4	81.6	55.6	57.9	83.5	69.3	12.5	1.9	13.7
	G	43.5	77.1	56.4	48.6	80.3	60.6	5.1	3.1	4.2
	H	33.3	78.9	42.2	48.2	77.4	62.3	14.9	-1.5	20.1
	I	42.9	79.6	53.9	54.3	79.6	68.3	11.4	0.0	14.4
	J	65.0	88.2	73.7	61.4	82.2	74.7	-3.6	-6.0	1.0
	K	62.7	84.7	74.0	64.1	88.5	72.5	1.4	3.7	-1.5
	U & Missing	51.9	82.3	63.1	57.3	82.4	69.6	5.4	0.1	6.6
地域ブロック	北海道・東北	52.5	85.6	61.3	53.3	78.8	67.5	0.8	-6.7	6.2
	関東	37.2	76.7	48.5	48.3	77.9	62.0	11.1	1.2	13.5
	中部	56.7	82.9	68.4	61.4	83.2	73.8	4.8	0.3	5.5
	近畿	38.1	76.9	49.6	48.7	77.1	63.2	10.6	0.2	13.6
	中国・四国	49.0	82.9	59.2	59.0	81.9	72.1	10.0	-1.0	12.9
	九州	46.7	79.8	58.5	55.5	79.0	70.2	8.8	-0.8	11.7
調査員性別	男性	43.1	76.0	56.7	52.4	79.4	66.0	9.3	3.4	9.3
	女性	45.5	80.9	56.2	53.4	79.3	67.3	7.9	-1.6	11.1
調査員年齢	50歳未満	46.0	78.6	58.6	52.5	80.0	65.7	6.5	1.4	7.1
	50-64歳	45.8	80.7	56.7	53.9	79.3	67.9	8.1	-1.4	11.2
	65歳以上	42.3	78.6	53.9	51.9	79.1	65.6	9.5	0.6	11.7
調査員登録年数	0-5年	43.9	78.7	55.8	53.4	80.0	66.7	9.4	1.3	10.9
	6-11年	43.2	79.6	54.2	51.6	78.0	66.1	8.4	-1.6	11.9
	12-17年	48.1	81.6	58.9	52.1	77.3	67.4	4.0	-4.2	8.4
	18年以上	47.1	82.1	57.3	56.6	82.0	69.0	9.5	0.0	11.6
性別	男性	41.9	77.3	54.2	50.7	77.2	65.7	8.8	-0.1	11.5
	女性	47.9	82.3	58.2	55.6	81.4	68.2	7.7	-0.9	10.1
年齢	20-34歳	35.8	68.6	52.1	41.7	66.0	63.2	6.0	-2.6	11.0
	35-49歳	42.6	80.2	53.1	52.0	81.0	64.2	9.4	0.8	11.1
	50-64歳	46.4	85.4	54.3	56.1	84.2	66.6	9.7	-1.2	12.3
	65-89歳	54.4	83.3	65.3	61.7	84.4	73.1	7.2	1.1	7.8
住宅の種類	一戸建て	51.0	85.8	59.5	59.0	85.1	69.3	7.9	-0.7	9.8
	集合住宅	35.5	69.8	50.9	42.3	67.8	62.4	6.8	-2.0	11.5
	不明	3.2	43.2	7.3	5.1	38.7	13.1	1.9	-4.5	5.8

地域ブロック別では，概ね都市的な地域を多く含む関東や近畿で回収率が低い傾向にあるものの，中部はむしろ接触成功率・協力獲得率ともに高く，都市化度以外の要因が反映された可能性がある。調査対象者の年齢と性別については，先行研究の指摘どおり男性・若年層で回収率が低く，これは接触成功率と協力獲得率に分解しても同じ傾向が確認される。ただし性別による差は最大でも5％ポイント程度に過ぎず，年齢や先にみた地域特性による差と比べるとその値は小さい。調査員の属性については，性別，年齢，登録年数のいずれによっても大きな差はみられなかった。登録年数に関しては，年数が長くなるほど接触成功率と協力獲得率が若干上昇する傾向にあるものの，少なくともここで識別できる属性だけでは，調査員による回収状況への影響は大きくないと考えられる。最後に住宅の種類について確認すると，予想されるとおり一戸建てにおいて回収率が高く，集合住宅に比べていずれの年次においても15％ポイント以上，接触成功率が高い傾向がみられた。また接触成功率ほどではないものの，同様の差は協力獲得率についても認められる。

接触成功率と協力獲得率は，互いに無関係というよりも，似たような分布を示すことが多かった。つまり，訪問時に接触しやすい対象者（の属性や地域特性）は，接触できた後の協力も得やすいという傾向が窺える。とはいえ，それとは異なる例も散見される。たとえば，高齢になるほど接触成功率・協力獲得率はともに上昇するものの，いずれも線形ではない。接触成功率は20-34歳だけが大幅に低く，協力獲得率は65-89歳のみ大幅に高い値を示す。またMosaicグループのC類型とH類型を比較すると，いずれの年次においても接触成功率はH類型のほうが5％ポイントほど高いにも関わらず，協力獲得率はC類型が大きく上回るという違いがみられる。

いずれにしても，ここでの分析は他の要因を考慮しない二変数間の関連であるため，接触成功率と協力獲得率の間の類似性を含め，本章で指摘したさまざまな分布の特徴は，交絡要因を調整した多変量解析によってさらに分析する必要がある。

■3-2 接触成功率と協力獲得率の増減

続いて，多変量解析の結果に移る前に，JGSS-2005からJGSS-2006にかけての接触成功率と協力獲得率の増減（表1-3）を確認しておく。まず注目されるのは，先にみた各年の状況と同様に，「変化」に関しても，対象者・調査員の個人属性よりも地域特性による差が大きいということである。この傾向は協力獲得率でより顕著にみられる。JGSS-2006における回収率の改善が，協力獲得率の向上によるものである

ことは保田ほか（2008）によって示されている。その協力獲得率の増減は，対象者の年齢・性別や調査員の属性，住宅の種類によってはさほど違わない。ところが地域特性についてみると，修正都市雇用圏では-5.7%から16.1%ポイント，Mosaicグループでは-1.5%から20.3%ポイントまで増減に大きなばらつきがみられる。

さらに興味深いのは，その大きな増減の結果として地域差が広がるのではなく，むしろそれが縮小に向かっている点である。逆にいうと，このことは，回収率の低下が標本の地理的なバイアスを生みやすいことを示唆しており，地域的な分析において回収率が無視できない問題であることを意味する。埴淵ほか（2011）は，この2005-2006年にかけての回収率改善が，大部分において都市的地域で生じており，結果として都市‐農村間の差が縮小したことを報告した。これを接触成功率と協力獲得率に分けてみると次のような実態が窺える。

協力獲得率は，JGSS-2005で低かった地域（たとえば，大都市中心・郊外やA・B・D・H類型）において大きく改善しており，結果として回収率そのものの地域差もかなり縮小した。ここでMosaicグループによる増減の差をみると，大都市中心部に多く分布するA・B類型だけでなく，所得水準の高くないD類型やH類型などでも協力獲得率が大きく上昇しており，調査法変更の影響が，都市化度に加えて地域の所得水準などとも関連して表れた可能性が示唆される。また接触成功率は，農村の地域を表す修正都市雇用圏の「非都市圏」で-9.8%ポイントと低下したが，協力獲得率が11.6%ポイント増加したことにより回収率はほぼ同水準であった。つまり回収率の都市的地域における増加は，単純に協力獲得率が都市的地域で高まったことによるのではなく，農村的地域でも協力獲得率は上昇したがその効果は接触成功率の低下によって相殺され，結果として都市的地域のみで回収率の改善として表れたのである。

4 回収状況の規定要因

■4-1 接触成功の規定要因

表1-4から1-7はそれぞれ，JGSS-2005における接触成功（表1-4），JGSS-2006における接触成功（表1-5），JGSS-2005における協力獲得（表1-6），JGSS-2006における協力獲得（表1-7）を従属変数としたマルチレベル・ロジスティック回帰分析の推定結果を示したものである。表中の数字と記号は，独立変数のオッズ比（OR：odds ratio）と有意性（0.1%，1%，5%，10%水準）を表し，加えてレベル2（調査地点）の誤差項の分散についても示した[17]。

まず，接触成功の規定要因に関する推定結果（表1-4，表1-5）からみていく。最初に注目されるのは，修正都市雇用圏およびMosaicグループと接触成功の間に，有意な関連がみられる点である。Model 2から3，またModel 4から5にかけてのオッズ比の変化からわかるように，修正都市雇用圏やMosaicグループによる差の一部は統制変数によって説明される。しかしすべての統制変数を考慮したModel 3やModel 5においても，いくつかのカテゴリは接触成功と有意な関連を示した。このことは，対象者との接触可能性が，個人属性や住宅の種類だけでなく，地域の文脈的な特性によっても規定されていることを示唆している。JGSS-2005を例にとると，大都市中心に比べて中都市郊外では1.75倍，小都市郊外では2.33倍，対象者と接触できる見込みが高くなる。同様に，A類型に比べるとJ類型では2.07倍接触できる可能性が高い。JGSS-2006では有意な関連を示すカテゴリが異なるものの，地域特性と接触成功の間に関連がみられる点で共通している。

なおJGSS-2006の修正都市雇用圏においては，最も農村的なカテゴリである「非都市圏」が，有意な負の関連（OR = 0.69, $p < 0.05$）を示しており，大都市中心に比べてむしろ対象者と接触するのが難しいことが窺える。これは，接触可能性の高い属性である高齢者や一戸建て居住者が多いという影響が統制された結果，「非都市圏」地域の文脈的な影響が負の方向に表れたものと理解されるが，都市化度と回収率の線形関係を否定する報告（埴淵ほか 2011）に新たな知見を付け加える点で興味深い。背景には，Inaba（2007）が指摘したような個人情報の不正使用や詐欺などに対する警戒心が，とりわけ農村的地域において相対的に強いといった要素があるのかもしれない。

統制変数については，調査員属性を除くと多くが有意な関連を示し，正負の方向も概ね予想どおりであった。たとえば男性より女性，20–34歳に比べてそれ以上の年齢層で接触成功の可能性が高く，これは他の変数を同時調整したModel 3やModel 5においても統計学的に有意であった。また住宅の種類は接触成功と強い関連を示しており，一戸建てに比べて集合住宅に住む対象者と接触できる見込み

---

17) オッズ比の値は，従属変数の「1」（本章では接触成功と協力獲得）の起こりやすさを示しており，参照カテゴリ（ref.）に比べて各カテゴリでどの程度その見込みが高いか／低いかを示している。オッズ比が1より大きければ従属変数が「1」となる見込みが高く，逆に1より小さければその見込みが低いことを表す。また，レベル2の誤差項が有意に0でない分散をもつならば，調査地点によって従属変数の水準にばらつきがあることを意味する。

表 1-4　接触成功（2005 年）の規定要因に関する推定結果

		Model 1	Model 2	Model 3	Model 4	Model 5
定　数		4.54***	4.67***	2.61***	4.41***	2.62**
修正都市雇用圏 (ref. 大都市中心)	大都市郊外		1.48**	1.26		
	中都市中心		1.51*	1.24		
	中都市郊外		2.43***	1.75**		
	小都市中心		1.04	0.92		
	小都市郊外		2.77**	2.33*		
	非都市圏		1.65	1.28		
Mosaic グループ (ref. A)	B				1.26	1.24
	C				1.08	0.87
	D				1.23	0.90
	E				1.70*	1.21
	F				1.74+	1.02
	G				1.34	1.18
	H				1.54	1.34
	I				1.53+	1.12
	J				2.83***	2.07*
	K				1.98	1.06
	U&Missing				1.69*	1.32
地域ブロック (ref. 北海道・東北)	関　東		0.59**	0.61*	0.60*	0.61*
	中　部		0.74	0.68+	0.72	0.66+
	近　畿		0.59*	0.63*	0.56**	0.63*
	中国・四国		0.68	0.64+	0.74	0.68
	九　州		0.60*	0.62*	0.65+	0.66*
調査員性別 (ref. 男性)	女　性			1.25		1.40*
調査員年齢 (ref. 50 歳未満)	50-64 歳			1.28		1.25
	65 歳以上			1.29		1.29
調査員登録年数 (ref. 0-5 年)	6-11 年			0.97		0.92
	12-17 年			0.97		0.92
	18 年以上			1.12		1.05
性別 (ref. 男性)	女　性			1.40***		1.40***
年　齢 (ref. 20-34 歳)	35-49 歳			1.81***		1.81***
	50-64 歳			2.42***		2.42***
	65-89 歳			1.92***		1.93***
住宅の種類 (ref. 一戸建て)	集合住宅			0.47***		0.45***
	不　明			0.12***		0.12***
レベル 2 誤差項の分散		0.48***	0.35***	0.31***	0.38***	0.32***

***: $p < 0.001$,　**: $p < 0.01$,　*: $p < 0.05$,　+: $p < 0.1$

表 1-5 接触成功（2006 年）の規定要因に関する推定結果

		Model 1	Model 2	Model 3	Model 4	Model 5
定 数		4.20***	2.80***	2.22***	2.00***	1.89**
修正都市雇用圏 (ref. 大都市中心)	大都市郊外		1.46***	1.26*		
	中都市中心		1.48**	1.25+		
	中都市郊外		1.78***	1.23		
	小都市中心		1.96***	1.46*		
	小都市郊外		1.73**	1.17		
	非都市圏		0.95	0.69*		
Mosaic グループ (ref. A)	B				1.24	1.27
	C				1.20	0.95
	D				1.79**	1.20
	E				1.87***	1.43*
	F				2.37***	1.37
	G				1.91***	1.75**
	H				1.51+	1.63*
	I				1.66***	1.21
	J				1.95***	1.17
	K				3.71**	2.04
	U&Missing				2.16***	1.41*
地域ブロック (ref. 北海道・東北)	関 東		1.06	1.14	1.23	1.23
	中 部		1.28+	1.31+	1.49**	1.46**
	近 畿		0.98	1.02	1.09	1.08
	中国・四国		1.22	1.31	1.25	1.29
	九 州		1.05	1.23	1.06	1.17
調査員性別 (ref. 男性)	女 性			0.94		0.94
調査員年齢 (ref. 50 歳未満)	50-64 歳			1.08		1.08
	65 歳以上			1.09		1.07
調査員登録年数 (ref. 0-5 年)	6-11 年			0.89		0.87
	12-17 年			0.77*		0.76*
	18 年以上			1.15		1.16
性別 (ref. 男性)	女 性			1.27***		1.27***
年 齢 (ref. 20-34 歳)	35-49 歳			2.10***		2.09***
	50-64 歳			2.44***		2.42***
	65-89 歳			2.34***		2.32***
住宅の種類 (ref. 一戸建て)	集合住宅			0.42***		0.41***
	不 明			0.11***		0.11***
レベル2誤差項の分散		0.32***	0.26***	0.23***	0.25***	0.23***

***: p < 0.001, **: p < 0.01, *: p < 0.05, +: p < 0.1

表 1-6 協力獲得（2005 年）の規定要因に関する推定結果

		Model 1	Model 2	Model 3	Model 4	Model 5
定　数		1.30***	1.06	0.79	1.09	0.92
修正都市雇用圏 (ref. 大都市中心)	大都市郊外		1.08	1.04		
	中都市中心		1.37*	1.35+		
	中都市郊外		2.05***	2.02***		
	小都市中心		2.55***	2.56***		
	小都市郊外		2.44**	2.52**		
	非都市圏		1.58+	1.67+		
Mosaic グループ (ref. A)	B				1.18	1.15
	C				2.16*	1.95*
	D				1.21	1.14
	E				1.37	1.23
	F				1.56+	1.46
	G				1.77*	1.73*
	H				0.81+	0.75
	I				1.43	1.38
	J				3.09***	3.07***
	K				2.80*	2.33+
	U&Missing				1.87**	1.79**
地域ブロック (ref. 北海道・東北)	関　東		0.74+	0.75+	0.61**	0.59**
	中　部		1.34+	1.33	1.16	1.13
	近　畿		0.77	0.83	0.58**	0.60**
	中国・四国		0.87	0.86	0.82	0.82
	九　州		0.92	0.95	0.90	0.93
調査員性別 (ref. 男性)	女　性			1.02		1.03
調査員年齢 (ref. 50 歳未満)	50-64 歳			1.02		0.97
	65 歳以上			1.02		0.93
調査員登録年数 (ref. 0-5 年)	6-11 年			0.94		0.96
	12-17 年			1.16		0.99
	18 年以上			1.24		1.22
性別 (ref. 男性)	女　性			1.20*		1.20*
年　齢 (ref. 20-34 歳)	35-49 歳			1.07		1.07
	50-64 歳			1.09		1.10
	65-89 歳			1.77***		1.78***
住宅の種類 (ref. 一戸建て)	集合住宅			0.97		0.95
	不　明			0.04***		0.04***
レベル 2 誤差項の分散		0.46***	0.27***	0.28***	0.28***	0.28***

***: $p < 0.001$, **: $p < 0.01$, *: $p < 0.05$, +: $p < 0.1$

表 1-7 協力獲得（2006 年）の規定要因に関する推定結果

		Model 1	Model 2	Model 3	Model 4	Model 5
定数		2.13***	1.60***	1.20	1.53*	1.14
修正都市雇用圏 (ref. 大都市中心)	大都市郊外		1.22*	1.21+		
	中都市中心		1.40**	1.38*		
	中都市郊外		1.63***	1.56***		
	小都市中心		1.20	1.19		
	小都市郊外		1.87**	1.83**		
	非都市圏		1.66*	1.54*		
Mosaic グループ (ref. A)	B				1.27	1.30
	C				1.76*	1.85*
	D				1.73*	1.70*
	E				1.31+	1.32+
	F				1.53*	1.52+
	G				1.07	1.12
	H				1.10	1.09
	I				1.47*	1.46*
	J				1.90**	1.87**
	K				1.77	1.73
	U&Missing				1.41*	1.41*
地域ブロック (ref. 北海道・東北)	関東		0.89	0.90	0.85	0.86
	中部		1.35*	1.41*	1.36*	1.46**
	近畿		0.93	0.92	0.86	0.86
	中国・四国		1.19	1.20	1.28	1.29
	九州		1.12	1.15	1.18	1.20
調査員性別 (ref. 男性)	女性			1.00		0.94
調査員年齢 (ref. 50 歳未満)	50-64 歳			1.16		1.20
	65 歳以上			1.10		1.11
調査員登録年数 (ref. 0-5 年)	6-11 年			0.92		0.96
	12-17 年			0.96		0.93
	18 年以上			1.17		1.22+
性別 (ref. 男性)	女性			1.13*		1.12*
年齢 (ref. 20-34 歳)	35-49 歳			1.03		1.02
	50-64 歳			1.15+		1.14
	65-89 歳			1.61***		1.60***
住宅の種類 (ref. 一戸建て)	集合住宅			0.94		0.96
	不明			0.06***		0.06***
レベル2誤差項の分散		0.36***	0.28***	0.28***	0.29***	0.28***

***: $p < 0.001$, **: $p < 0.01$, *: $p < 0.05$, +: $p < 0.1$

は 0.4-0.5 倍程度であった。調査員属性は一部有意な関連がみられるものの年次によって異なり，明瞭な傾向は読み取れない。興味深いことに，修正都市雇用圏や Mosaic グループといった地域特性を考慮したうえでも地域ブロックによる有意な差は残されており，ここからマクロな地域差の存在も窺える。

またレベル 2 誤差項の分散に注目すると，切片のみの Model 1 (null model) に比べて，修正都市雇用圏または Mosaic グループと地域ブロックを投入した Model 2 や Model 4 では，分散の値がある程度小さくなっており，ここで用いた地域変数が接触成功の調査地点間のばらつきを部分的に説明したと理解される。しかし性別や年齢をはじめとする統制変数の投入によって大きな変化はみられず，全変数を投入した Model 3 や Model 5 においてもレベル 2 誤差項の分散は有意なまま残されている。このことは，現状の独立変数だけでは説明できない調査地点間のばらつきが存在することを意味している。

■4-2　協力獲得の規定要因

続いて，接触に成功した場合の協力獲得を規定する要因に関する推定結果 (表 1-6, 表 1-7) を確認していく。ここでもまず，修正都市雇用圏および Mosaic グループが，すべての変数を投入した上でも協力獲得と有意な関連を示す点が注目される。対象者との接触だけでなく，協力を獲得できるかどうかについても地域特性は独立した効果を示しており，回収状況を規定する地域特性の重要性が示されたと考えられる。たとえば JGSS-2005 では，大都市中心に比べて中都市郊外 (OR = 2.02, p < 0.001)，小都市中心 (OR = 2.56, p < 0.001)，小都市郊外 (OR = 2.52, p < 0.01) において二倍以上，調査に協力が得られる可能性が高い。傾向は緩やかになるものの，このトレンドは JGSS-2006 においてもみられる。また Mosaic グループの中では，C 類型や J 類型が両年次において有意に高いオッズ比を示しており，A 類型に比べて協力獲得の見込みが高いことを示唆している。また A 類型との比較において有意ではないものの，H 類型において協力獲得のオッズ比が低い点も両年次に共通している。

接触成功のモデルとやや異なるのは，Model 2 から 3，また Model 4 から 5 にかけてのオッズ比の変化がほとんどみられない点である。これは，地域特性の影響が年齢や性別といった他の変数によって攪乱されておらずほぼ独立したものであることを意味している。地域特性に関する変数のオッズ比も概ね協力獲得のモデルで大きい値を示していることから，地域特性の回収状況に対する影響は，接触よりも協力の段階においてより強く作用しているものと理解される。

ただし先に述べたとおり，協力獲得における地域差は 2005 年から 2006 年にかけて縮小傾向にあり，修正都市雇用圏や Mosaic グループのオッズ比が概ね小さくなっていることが多変量解析においても確認された。この動向の背景には，社会調査に対する不信・不安を背景とした「弱い拒否の広まり」[18]（吉川 2010）が都市部で先行して進んでおり，JGSS-2006 で試みられた依頼文や謝礼等における実査上の工夫がこの「弱い拒否」を協力へと導いたことによって，結果的に回収率の地域差縮小をもたらしたという解釈が考えられる。

　統制変数に関して，調査員の属性についてはほとんど有意な変数はみられないものの，対象者の年齢と性別は両年次において有意な関連を示した。年齢は参照カテゴリ（20-34 歳）に対して 65-89 歳のカテゴリのみ有意な差を示し，この点で接触成功の場合と若干異なる非線形の関連が窺える。また，住宅の種類については，一戸建てと集合住宅間で有意な差はみられなかった。単純集計（表 1-3）では，一戸建てのほうが接触だけでなく協力も得やすいことが示されていたが，他の変数による影響を調整すると，独立した効果は認められなかった[19]。

　また，接触成功のモデルと同じく，協力獲得についても地域ブロックは有意な関連を示しており，ここでもマクロな地域差の存在が示唆される。参照カテゴリ（北海道・東北）との関係で，年次によって有意な差を示すカテゴリが一定しないものの，相対的にみて中部のオッズ比が両年ともに最も高く，これは修正都市雇用圏や Mosaic グループによって説明されないことから，地域ブロックの固有性を示唆する点で興味深い。データからその固有性の内実を探ることは難しいが，地域ブロックレベルで何らかの協力的な意識や規範があることを意味しているのかもしれない。

　最後に，レベル 2 誤差項の分散はここでも有意なまま残されており，協力獲得においても現状の独立変数では説明されない調査地点間のばらつきを確認できる。Model 1 に比べて Model 2 や Model 4 では分散が小さくなり，修正都市雇用圏や Mosaic グループに一定の説明力が認められるが，その他の統制変数の投入（Model

---

18) 吉川（2010）は，「拒否」の実情について，拒否の意向がかたくなで覆しにくいものになる傾向としての「拒否の強まり」と，調査に対して懐疑的な態度を表明，あるいは積極的な態度を示さないことが当たり前になるという「弱い拒否の広まり」の二つが同時進行している可能性を指摘し，後者については，調査主体が丁寧な実査をこころがけることで対応できないわけではない，としている。
19) なお「不明」というカテゴリは強い関連を示すものの，これがどのような理由によって不明とされたのか判別できない点で解釈は難しい。

3, Model 5) によってこの値はほとんど変わらない。この点も，接触成功のモデルの場合と同じである。

■4-3 文脈的規定要因に関する考察

　ここまでの分析において，回収状況における地域差が，個人属性によっては完全に説明されないことから，それが地域の文脈的要因によって規定されている可能性を指摘してきた。ただし，個人の構成的要因と地域の文脈的要因を識別することには，分析的にも概念的にもいくつかの留意すべき点がある。

　まず，本章の分析では，回収率への影響が否定できない職業や家族構成といった個人属性は含まれていない。したがって，回収状況の地域差が考慮されていない個人属性によって説明される可能性は完全には排除できない。しかし，回収率への強い影響が確認されている年齢・性別・住宅の種類は統制されており，また，とくに協力獲得に関しては，これらの個人属性による交絡がほとんどみられなかったことから，他の個人属性によって回収状況と地域特性との関連や，調査地点間のばらつきが完全に説明されるとまでは考えにくい[20]。

　また，対象者個人に関する詳細な個人属性は，非回収ケースについて取得することが不可能であるため，職業や家族構成を考慮した分析は方法論上困難である。逆にいえば，Mosaic のようなジオデモグラフィクスは，このような考慮し得ない個人属性をも反映した簡便な指標として，回収状況を規定する個人的・地域的な要因を把握するために有用であると指摘しうる。そして，その Mosaic を考慮した上でもなお調査地点間のばらつきが残されていることは，調査地点全体の回収状況を規定する未知の文脈的要因があるという考え方に，一定の妥当性を与えるものといえる。

　このように考えると，修正都市雇用圏やジオデモグラフィクスのような系統的な地域差，さらに地域ブロックによるマクロな地域差を考慮した上でもなお調査地点間のばらつきが残されることは，「ローカルな調査環境」とでもよびうる何らかの地域固有の文脈的要因が存在することを示唆する。実際に何が影響しているのかを探るためにはさらなる調査・分析を要するが，たとえば，調査に協力的／否定的な規範が地域で共有されているといった状況が考えられる。もちろん，そのようなローカルな調査環境が地域固有というよりも系統的な地域差として別の地域特性から説

---

20) たとえば，職業や家族構成は回収状況への影響が考えられるが，それは協力獲得よりも主に接触の可否に対して影響するものと予想される。

明される可能性もある。いずれにしても地域の文脈的要因による回収状況への影響が示唆された点で，注目に値する結果といえるだろう。

ただし，同じ調査地点内の対象者に対する調査は同じ調査員が担当していることから，年齢や登録年数だけでは説明されない調査員間の差が，調査地点間の差に反映されている可能性も排除できない。両者の識別は本章で利用したデータの性質上不可能であり，今後の課題である。とはいえ，対象者と同じく，調査員についても基本的な属性は統制されており，しかもそれらは回収状況とほとんど関連を示さなかったことから，調査地点間のばらつきの要因を調査員ではなく地域に求めることは，現段階で考えうる選択肢の中では最も妥当なものと考えられる。

なお，ここではマルチレベル分析を適用する操作概念として個人と地域を区分してきたが，このような二分法の妥当性に対しては議論がありうる。地域の文脈的要因といいながらそこに個人の構成的要因が含まれている可能性は理論上排除できないし，逆に，個人の属性も地域的にランダムに生じるのではなく地域の文脈的な諸要因に規定される側面がある。マルチレベル分析（あるいはその適用対象としてのマルチレベルデータや，マルチレベルという考え方自体）の急速な普及に対して，両者の分析上・概念上の識別可能性を問い直す議論もなされており（Smith and Easterlow 2005；Cummins et al. 2007；中谷 2011b），それが地域の概念化にどのような影響を及ぼすのか，また分析上の操作概念としてどこまで有効性をもちうるのかといった点は，地理学においても今後議論されるべき重要な課題といえる。

5 地理的な調査環境の研究課題

本章の目的は，社会調査の回収状況を規定する要因を，個人および地域特性の両方を考慮したマルチレベル分析によって明らかにすることであった。結果として，接触成功率・協力獲得率は，修正都市雇用圏や Mosaic グループによる地域特性によって大きな地域差がみられた。この地域差はマルチレベル分析によっても確認されたことから，回収状況は個人だけでなく，地域の文脈的な因子によっても規定されていることが示されたといえる。しかし，接触成功率・協力獲得率には，依然として説明されない調査地点間のばらつきが残されており，その理由の一つとして「ローカルな調査環境」とでもよびうる地域固有の文脈要因の存在も示唆された。

以上の結果は，社会調査のデータに基づいて地域分析をおこなう際に，疑似的な地域差の問題に留意する必要性を強く示唆するものである。地域差を明らかにする

目的で集められたデータそのものが地域差の影響を受けている場合，観察対象と観察方法の関係は複雑化し，観察結果が攪乱されてしまうため，その解釈には常に慎重さが求められる。ある現象がある地域において多く観察されたとしても，それが事実のみを表すのか，それとも調査方法の影響でそうみえたに過ぎないのかを，批判的に検討していく姿勢が必要であろう。

　本章の分析結果から，短期的・実践的な回収率改善の方策が直ちに得られるわけではない。ただし，2005年から2006年にかけての回収率改善が地理的に不均等に生じていたことは，依頼文の内容や謝礼の渡し方などの調査法上の工夫が，地域特性によって異なる効果を生む可能性を示した点で，今後の社会調査に対して示唆的である。まず，回収率全体を向上させる各種の工夫によって，結果的に地理的なバイアスも縮小させることが可能であると指摘しうる。

　さらに，たとえば地域によって調査法にバリエーションをもたせることで，回収率のさらなる向上や地理的な均等化を目指すという方法も考えられる。地域特性による回収率の差が，個人属性に比べても無視し得ない大きさにあることに鑑みると，このような柔軟な方法も調査法の厳密な一貫性とのバランスにおいて議論する余地があると思われる。これは，社会調査を通じて（個人ではなく）地域の多様性や代表性をいかに把握できるか，といった目的に照らして，検討に値する課題となるのではないだろうか。

　本研究には分析上の課題も残されている。取り上げたデータは調査員による訪問調査のみであるため，同様のことが郵送調査やインターネット調査に当てはまるかどうかは不明である[21]。たとえば松田（2008）は，郵送調査では面接調査に比べて都市規模による差が小さいことを報告している。いずれにしても，このような回収率の規定要因を探る試みは依然として不足しており，基礎研究として継続的に取り組むべき課題といえるだろう。

---

21) 調査員が関わることになる訪問調査に対する不安が強まっていることから，郵送調査やインターネット調査による代替可能性の検証も活発化している（松田2008；氏家2009；村中・中谷2009 ☞第6章）。しかし，回答内容の信頼性や複雑な質問が可能である点など，面接調査には他の手法によって容易に代替できない利点がある。

第2章
国勢調査における「不詳」の増加

小池司朗・山内昌和

> **本章の問い**
>
> ◎国勢調査の「不詳」とはどういう問題か？
> ◎「不詳」は近年どこまで増加しているのか？
> ◎人口や人口移動の推計に「不詳」はどう影響するのか？

　本章は，2010年の国勢調査における「不詳」の発生状況を，人口移動に関する調査事項である5年前の居住地に注目して，年齢別ならびに地域別に整理することを目的とする。「不詳」は増加傾向にあり，属性別人口の時系列での分析，とりわけ大都市圏を対象とする場合には多大な注意を払う必要が生じてきていることが明らかになった。人口移動集計は，現住地ベースでの移動状況が男女年齢別等に把握できる貴重な資料であるが，不詳割合が大幅に増加すると同時に，その地域別・年齢別の差異が際立っており，地域間の人口移動を精確に捉えることは非常に困難な状況となっている。

1　国勢調査における「不詳」の問題

　人口センサスは，人口の規模と構造を把握するために実施される全数調査である。日本では国勢調査がこれに相当する。国勢調査は，1920年に開始されて以来，ほぼ5年おきに実施されてきた。国勢調査の調査事項は，年齢や国籍をはじめ多岐にわたる。多くの調査事項は，多少の変更を含みながらも毎回の国勢調査で継続的に調査されるのに対し，5年前の居住地や学歴など一部の調査事項は10年に1度の大規模調査年（西暦の末尾が0の年に相当）においてのみ調査される。

　国勢調査は，各種の研究や実務において頻繁に利用される統計資料の一つである。

しかし，近年の国勢調査には，調査事項にかかわらず不詳や分類不能（以下，原則として「不詳」とする）の数の大幅な増加がみられ[1]，国勢調査を利用する上で看過しがたい状況が生じている。たとえば，総務省統計局では，2010年国勢調査の国籍または年齢が「不詳」である人口を国籍別年齢別に按分して含めた人口を公表し[2]，国立社会保障・人口問題研究所（2013a）では，2010年国勢調査で初めて現れた家族類型が「不詳」の一般世帯数[3]を既知の家族類型に按分することで一般世帯数の将来推計を実施した（鈴木 2014）。

国勢調査に含まれる「不詳」は，国勢調査の精度を左右する問題である。国勢調査の精度に関する研究はこれまで一定の蓄積がみられ（たとえば伊藤 1985），2000年代には以下のような研究がおこなわれた。菅（2007）は，国勢調査の日本人人口と住民基本台帳の人口を年齢別に比較し，国勢調査の日本人人口の精度は年齢別にみると必ずしも十分でないことを指摘した。石川（2005）は，国勢調査と外国人登録人口にみられる外国人人口の乖離を多角的に検討して，国勢調査の外国人人口の過少計上を指摘した。山田（2001, 2007, 2008, 2010, 2011, 2012）は，年齢や配偶関係，労働力状態，従業上の地位，産業，職業などの調査事項に関して，「不詳」の発生状況や既存の統計調査の結果との比較を行い，より新しい年に実施された国勢調査ほど精度に問題がみられることを指摘した。阿部（2004, 2013）は，労働力状態の「不詳」が多いために就業者の増減を把握できない地域が存在することを指摘するとともに，「不詳」の存在を前提とした地域分析のあり方について検討した。

これらの研究は，それぞれに重要な知見を提示している。しかしながら，管見の限り，人口移動に関する調査事項である5年前の居住地の精度に関する検討はなされていないようである[4]。5年前の居住地に関する情報から得られる移動人口は，国籍別・年齢別に把握できることや，現住地ベースで転入元と転出先を把握できる

---

1) 「不詳」はそれ自体として集計表に示されることもあれば，総数に含める形で示されることもある。
2) 按分の詳細は，総務省統計局のホームページ内にある「平成22年国勢調査による基準人口」〈http://www.stat.go.jp/data/jinsui/9.htm（最終閲覧日：2014年7月16日）〉にまとめられている。国勢調査における国籍・年齢が「不詳」の人口は以前から存在したが，総務省統計局がこれらを按分した人口を公表したのは今回が初めてである。按分の結果は，総務省統計局が公表する「人口推計」や国立社会保障・人口問題研究所（2012, 2013b）で利用されている。
3) 2005年までの国勢調査には，家族類型が「不詳」の一般世帯数は存在しなかったが，2010年の国勢調査では家族類型が「不詳」の一般世帯が85,798現れることになった。

こと等の利点があり，地域人口の変動要因として重要な人口移動に関する貴重な情報源となってきた。このため，国勢調査の5年前の居住地について，その利用可能性を評価しておくことは重要である。

以上を踏まえ，本章では，2010年の国勢調査における5年前の居住地の「不詳」発生の状況を年齢別ならびに地域別に整理することを目的とする。以下，2節では，近年の国勢調査の調査法の変更と回収状況を整理し，あわせて国勢調査の第2巻から第4巻に含まれるいくつかの集計事項，および人口移動集計に含まれる5年前の居住地に関して「不詳」の発生状況を都道府県別に整理する。これらの作業は，3節の分析結果を多面的に理解するために実施するものである。3節では，5年前の居住地の「不詳」の発生状況を男女年齢別に都道府県および市区町村別に整理し，さらに産業大分類別および職業大分類別にも整理する。これらの結果を踏まえて，4節で全体をまとめる[5]。

2 回収状況と「不詳」の発生状況

■2-1 国勢調査の方法と近年の変更

国勢調査にみられる「不詳」の多寡は，直接的には調査票の回収状況ならびに被験者による調査票の記入状況に左右されるが，これらはいずれも調査法の影響を受ける。以下では，近年の国勢調査の調査法の変更について，調査票の回収ならびに被験者による調査票の記入に影響すると考えられる範囲で整理する。

調査票の回収については，2010年の調査法の変更が大きな影響をもつと考えられる[6]。国勢調査では，2005年までは国勢調査員が調査票の回収にあたっていたが，

---

4) 国勢調査と住民基本台帳人口移動報告では人口移動の定義が異なることや，それぞれの統計資料で把握された人口移動現象にどのような異同があるか検討したものに大友（1996）や伊藤（2011）などがある。
5) 本章の執筆は1節と2節を山内，3節と4節を小池が主に担当した。
6) 国勢調査では，世帯を単位として調査票の配布と回収がなされる。全数調査を旨とする国勢調査の場合，さまざまな事情で調査票による調査ができなかった世帯については，国勢調査令第9条第2項に基づいて「国勢調査員が，当該世帯について「氏名」，「男女の別」及び「世帯員の数」の3項目に限って，その近隣の者に質問することにより調査」（総務省統計局 2012：459）する。したがって，回収状況が悪化，すなわち調査票による調査ができなかった世帯が増加すると，人口と性別，世帯人数以外の調査項目は「不詳」の数が増える。

2010年国勢調査では,被験者が希望すれば郵送回収が可能になった[7]。この回収法の変更は,被験者の利便性の向上を通じて回収状況の改善につながる可能性がある。被験者にとってみれば,国勢調査員との間で調査票を受け渡すための日程調整が不要になり,調査票の提出方法を状況に応じて選択できるからである。しかし,回収状況の悪化につながる可能性も否定できない。調査票の回収が調査員に一元化されている場合,国勢調査員が調査票の提出状況を容易に把握でき,未提出者に対して提出を促すことで回収状況を高水準に保ちやすいと推察される。反面,国勢調査員による回収と郵送回収のいずれも可能である場合,とりわけ国勢調査のような大規模調査では,国勢調査員が調査票の回収状況を把握することが困難となるため,未提出者への働きかけに支障が生じ,回収状況が悪くなる可能性がある。

他方,被験者による調査票の記入状況については,二つの調査法の変更が大きな影響をもつと考えられる。1点目は,1995年までは調査項目の中に国勢調査員が対象世帯から聴取して記入するものがあったが,2000年以降はそうした項目がなくなった。2点目は,2005年以前は記入済みの調査票を提出する際に国勢調査員が調査票の記入内容を確認していたが[8],2010年にはそうした確認作業は廃止し,封入済みの調査票を提出することになった。これら調査法の変更は,プライバシーへの配慮といった点では被験者の調査への協力を促し,記入状況の改善効果が期待される。その反面,調査票を提出する段階での確認がなされないため,記入状況の悪い調査票をそのまま回収することで,結果として記入状況が悪化する可能性がある[9]。

このように,近年の国勢調査における調査法の変更は,「不詳」の減少と増加のいずれにも寄与する可能性をもつ。なお,国勢調査の調査法は,変更点を含めて一定の手続きを経て定められている点には留意すべきであろう[10]。

■2-2 国勢調査の回収状況

国勢調査の調査票の回収について,国勢調査令第9条第2項に基づいて調査した

[7) 東京都に限ってインターネットでの回収も可能になった。
8) 2005年国勢調査からは封入した状態で回収することも認められるようになった。
9) 東京都に限定して実施されたインターネットでの提出については,記入エラーや未記入を防ぐことは技術的に可能であり,記入状況の悪化を防ぐ効果をもつ可能性もある。
10) 国勢調査の方法に関しては総務省統計局で研究会・懇談会が開催され,議論されている。国勢調査の実施をめぐって社会的にも注目されることになった2005年国勢調査の実施後には「国勢調査の実施に関する有識者懇談会」が開催され,その後の改善方針が報告書(国勢調査の実施に関する有識者懇談会 2006)として示された。

世帯の割合，すなわち調査票を回収できなかった世帯の割合が公表されており，全国については1995年に0.5%，2000年に1.7%，2005年に4.4%，2010年に8.8%と徐々に増加した[11]。

この値を都道府県別にみると（表2-1），2010年に関しては，最大の東京都が20.1%，続いて高知県が13.2%，福岡県が12.1%，大阪府が11.7%，愛知県が10.2%の順である。総じて大都市圏で高い値を示す傾向にあるが，高知県や沖縄県（9.3%）のように非大都市圏でも高い例はある[12]。

大都市圏と非大都市圏の間にみられる回収状況の差は，2005年にも認められる。しかし，2005年と2010年の値を比較すると，都道府県によって変化のパターンは異なる。たとえば，東京都のように2005年にはすでに13.3%に達し，2010年にかけても大幅に伸びた例，秋田県のように2005年と2010年がともに1.7%で変化していない例，高知県のように全国的にみても低水準だった2005年の2.1%から大幅に伸びて2010年には10%を超えた例，宮城県のように2005年には全国値を上回る6.8%であったが2010年には全国値を下回る8.6%への微増にとどまった例などがある。

他方，2010年について，回収できた世帯の割合を回収方法別にみると（表2-1），2005年までの方法である調査員回収の割合は，総じて非大都市圏で高く，大都市圏で低い傾向を示す。ただし，調査員回収の割合が最も高い長野県でもその値は57.8%であり，50%に達しない例も少なくない。調査員回収の割合が郵送回収の割合と大きな差があるとは言い難い状況にあり，大都市圏を中心に，郵送回収の割合の方が調査員回収の割合を上回る例も少なからずみられる。

---

11) 2010年の値は一般世帯のものである。2005年以前の値は，明示的な記載はないが，総世帯のものと推察される。これらの値は，2005年以前については「国勢調査の実施に関する有識者懇談会（第5回）（平成18年5月30日開催）」の配布資料「平成17年国勢調査の実施状況」〈http://www.stat.go.jp/info/kenkyu/kokusei/pdf/situation.pdf（最終閲覧日：2014年7月16日）〉，2010年については「平成27年国勢調査の企画に関する検討会（第2回）（平成23年11月18日開催）」の配布資料「平成22年国勢調査の実施状況」〈http://www.stat.go.jp/info/kenkyu/kokusei/kentou27/pdf/02sy02.pdf（最終閲覧日：2014年7月16日）〉から得た。
12) 本章で用いる大都市圏や非大都市圏という用語は，大都市圏には日本の三大都市や地方中核都市とその圏域を，非大都市圏は大都市圏以外の地域を想定して用いるが，個々の自治体がどちらに属するかを必ずしも厳密に定めている訳ではない。

表 2-1 都道府県別にみた調査票の回収状況（%）

都道府県	2005 年 回収できた世帯の割合	2005 年 回収できなかった世帯の割合	2010 年 回収できた世帯の割合 総計	2010 年 回収できた世帯の割合 調査員回収	2010 年 回収できた世帯の割合 郵送回収	2010 年 回収できた世帯の割合 被験者が持参	2010 年 回収できなかった世帯の割合
全 国	95.6	4.4	91.2	32.3	58.4	0.5	8.8
北海道	98.5	1.5	93.6	37.1	55.6	0.9	6.5
青森県	98.0	2.0	96.3	55.3	40.5	0.5	3.7
岩手県	98.6	1.4	96.7	51.3	44.9	0.5	3.2
宮城県	93.2	6.8	91.4	28.9	61.9	0.6	8.6
秋田県	98.3	1.7	98.3	54.5	43.3	0.5	1.7
山形県	98.4	1.6	96.3	50.0	45.6	0.7	3.7
福島県	96.4	3.6	94.5	41.7	51.8	1.0	5.4
茨城県	98.5	1.5	95.2	49.5	45.2	0.5	4.8
栃木県	96.1	3.9	92.2	40.6	51.0	0.6	7.8
群馬県	99.0	1.0	94.8	40.7	53.3	0.8	5.2
埼玉県	95.7	4.3	93.1	25.2	67.5	0.4	6.9
千葉県	96.0	4.0	93.9	27.0	66.5	0.4	6.1
東京都	86.7	13.3	79.8	12.9	66.7	0.2	20.1
神奈川県	95.9	4.1	90.2	16.4	73.5	0.3	9.8
新潟県	98.2	1.8	96.1	50.7	44.9	0.5	3.9
富山県	97.9	2.1	96.2	54.6	41.2	0.4	3.8
石川県	96.4	3.6	94.9	51.9	42.6	0.4	5.1
福井県	97.5	2.5	95.3	51.0	43.7	0.6	4.8
山梨県	98.6	1.4	95.6	51.0	43.6	1.0	4.4
長野県	98.7	1.3	97.1	57.8	38.5	0.8	2.9
岐阜県	98.8	1.2	97.4	45.5	50.9	1.0	2.7
静岡県	97.5	2.5	95.6	34.4	60.8	0.4	4.4
愛知県	95.0	5.0	89.8	22.5	66.9	0.4	10.2
三重県	97.6	2.4	97.5	49.5	47.4	0.6	2.6
滋賀県	96.5	3.5	93.8	44.9	48.4	0.5	6.2
京都府	93.9	6.1	93.5	38.6	54.5	0.4	6.5
大阪府	94.6	5.4	88.2	17.5	70.3	0.4	11.7
兵庫県	96.5	3.5	91.6	29.0	62.3	0.3	8.4
奈良県	98.2	1.8	97.0	43.7	52.5	0.8	3.1
和歌山県	98.6	1.4	98.9	56.3	42.2	0.4	1.1
鳥取県	97.1	2.9	95.3	54.3	40.5	0.5	4.7
島根県	99.0	1.0	97.5	56.3	40.8	0.4	2.4
岡山県	97.9	2.1	92.9	37.1	55.2	0.6	7.2
広島県	96.0	4.0	91.5	36.6	54.5	0.4	8.6
山口県	97.6	2.4	96.2	50.1	45.6	0.5	3.8
徳島県	97.8	2.2	96.8	46.1	49.7	1.0	3.2
香川県	97.2	2.8	93.7	40.0	52.6	1.1	6.3
愛媛県	95.8	4.2	94.8	52.7	41.6	0.5	5.2
高知県	97.9	2.1	86.8	37.8	48.1	0.9	13.2

表2-1 都道府県別にみた調査票の回収状況（つづき）（%）

都道府県	2005年		2010年				
	回収できた世帯の割合	回収できなかった世帯の割合	回収できた世帯の割合				回収できなかった世帯の割合
			総計	調査員回収	郵送回収	被験者が持参	
福岡県	93.9	6.1	87.9	29.4	58.0	0.5	12.1
佐賀県	98.7	1.3	96.7	50.9	44.9	0.9	3.3
長崎県	98.6	1.4	96.8	55.0	41.3	0.5	3.3
熊本県	97.9	2.1	96.7	53.2	42.9	0.6	3.3
大分県	97.5	2.5	96.7	53.4	42.9	0.4	3.4
宮崎県	97.3	2.7	95.4	50.9	43.9	0.6	4.6
鹿児島県	97.7	2.3	96.6	54.1	41.7	0.8	3.3
沖縄県	93.4	6.6	90.7	42.4	47.5	0.8	9.3

注1：回収できなかった世帯とは，国勢調査令第9条第2項に基づいて調査された世帯のことである。
注2：2005年の回収できた世帯の割合は，100から回収できなかった世帯の割合を引いて算出した。
注3：2010年については四捨五入の関係で割合の合計が100にならない場合がある。
注4：2010年の東京都の郵送回収にはインターネット回答を含む。
注5：2010年は一般世帯の値である。
資料：2005年は「国勢調査の実施に関する有識者懇談会（第5回）（平成18年5月30日開催）」における配布資料「平成17年国勢調査の実施状況」，http://www.stat.go.jp/info/kenkyu/kokusei/pdf/situation.pdf（最終閲覧日：2014年7月16日）より。2010年は「平成27年国勢調査の企画に関する検討会（第2回）（平成23年11月18日開催）」における配布資料「平成22年国勢調査の実施状況」，http://www.stat.go.jp/info/kenkyu/kokusei/kentou27/pdf/02sy02.pdf（最終閲覧日：2014年7月16日）より。

■2-3 主要な調査事項にみられる「不詳」の発生状況

1）指標の定義

「不詳」の発生状況を表す指標について説明する前に，国勢調査の「不詳」に関して留意すべき三つの点について整理する。

1点目は，年齢と他の変数との「不詳」の関係である。一般的な社会調査では，年齢と年齢以外の変数Aがあった場合，回答状況によって，ⓐ年齢と変数Aのいずれも回答あり，ⓑ年齢のみ「不詳」，ⓒ変数Aのみ「不詳」，ⓓ年齢と変数Aのいずれも「不詳」，という4とおりの組合せが生じる。しかし国勢調査に関しては，ⓑのケース，たとえば，年齢は「不詳」だが労働力状態には回答があるといったケースは基本的に存在しない[13]。また，国勢調査で変数Aの「不詳」として示されるのはⓒのみで，ⓓは含まれない。

2点目は，主問と枝問の「不詳」の関係である。これについては，一般的な社会調査と同様に，国勢調査でも主問の「不詳」は枝問の「不詳」には含めていない。図

---

13) 例外として確認できたのは，2010年の国勢調査の5年前の居住地に関するもので，年齢は「不詳」だが5年前の居住地が判明している人口が存在する。

36　第Ⅰ部　従来型調査の諸問題

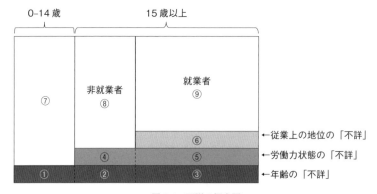

図 2-1　不詳の概念図

注：①と②と③は年齢不詳の人口，④と⑤は労働力状態不詳の人口⑥は従業上の地位不詳の人口を表す。国勢調査における労働力状態別人口は，④・⑤・⑥・⑧・⑨のみで，②と③は含まれない。同様に従業上の地位別人口は⑥・⑨のみで③と⑤は含まれない。
　　国勢調査の従業上の地位別人口の不詳割合（本章でいう不詳割合と同じ）は（⑥）÷（⑥＋⑨）である。
　　本章で提起する従業上の地位別人口の潜在的不詳割合は（③＋⑤＋⑥）÷（③＋⑤＋⑥＋⑨）である。

2-1 に示した労働状態と従業上の地位を例にとると[14]，労働力状態が「不詳」のケース（④と⑤）は枝問に当たる従業上の地位の集計には含まれないために，国勢調査で従業上の地位の「不詳」として示されているのは図 2-1 の⑥のみとなる。本来ならば，労働力状態が「不詳」の一部（図 2-1 の⑤）は従業上の地位も「不詳」になるはずである。

　3 点目は，年齢の「不詳」に関するものである。国勢調査では 2010 年には年齢の「不詳」として集計されているが，2005 年までは国籍または年齢の「不詳」として集計され，年齢のみ「不詳」は集計されていなかった。2010 年国勢調査の総人口 128,057,352 人に対し，年齢のみ「不詳」が 589,739 人（0.5%），国籍のみ「不詳」が 663,777 人（0.5%），国籍と年齢のいずれも「不詳」が 386,684 人（0.3%）であり，国籍または年齢の「不詳」は 1,640,200 人（1.3%）である。

　以上を踏まえて「不詳」の発生状況を検討するが，その指標として 2 種類の不詳割合を用いる。第一に，一般に用いられる意味での不詳割合である。従業上の地位を例にとると，就業者に占める従業上の地位が「不詳」の人口の割合のことであり，図 2-1 では，⑥÷（⑥＋⑨）となる。この指標を，以下では不詳割合とする。

---

14) 労働力状態が就業者の場合に従業上の地位が調査される関係にあるため，労働力状態が主問，従業上の地位が枝問となる。

第二に，本章で潜在的不詳割合とよぶものである。この指標は 15 歳以上人口が対象となる調査事項や枝問に相当する調査事項に用いる。従業上の地位を例にとると，年齢が「不詳」ならびに労働力状態が「不詳」の人口を考慮して従業上の地位の不詳割合を算出したもので，図 2-1 では，(③+⑤+⑥) ÷ (③+⑤+⑥+⑨) となる。ただし，国勢調査から直接得ることのできない③と⑤の人口は次のように推定した。すなわち，総務省統計局が国籍または年齢が「不詳」の人口を按分した人口[15]を利用して図 2-1 の②と③の人口を算出し，就業者と非就業者の人口分布に応じて按分することで③の人口を推定する。労働力状態が「不詳」の人口（図 2-1 の④と⑤）についても，就業者と非就業者の人口分布に応じて按分することで⑤の値を推定する。

　なお，不詳割合については比較のために 2000 年と 2005 年の数値も示すが，先述のように 2000 年と 2005 年は国籍または年齢の「不詳」が 2010 年における年齢の「不詳」に相当するため，国籍または年齢の「不詳」を除き，年齢が関係する調査事項については，厳密な意味で 2010 年の値を 2005 年以前の値と比較できない点に注意が必要である。

2)「不詳」の発生状況

　8 種の調査事項について全国の不詳割合を整理したのが表 2-2 である。国籍または年齢の不詳割合については，2005 年までは 1％未満であったが，2010 年には 1％

表 2-2　2000 年以降の調査事項別にみた不詳割合（％）

調査事項	2000 年	2005 年	2010 年
国籍または年齢	0.2	0.4	1.3
配偶関係	0.9	1.3	1.9
労働力状態	1.6	3.1	5.6
従業上の地位	0.0	0.0	3.8
産業大分類	1.2	1.9	5.8
職業大分類	1.2	1.8	5.7
教　育	3.5	−	12.1
5 年前の居住地	0.0	−	6.5

---

15) 総務省統計局のホームページ内にある「平成 22 年国勢調査による基準人口」にまとめられている値のこと〈http://www.stat.go.jp/data/jinsui/9.htm（最終閲覧日：2014 年 7 月 16 日）〉。

38　第Ⅰ部　従来型調査の諸問題

表 2-3　都道府県別にみた不詳割合と潜在的不詳割合（2010 年）（%）

都道府県	不詳割合							潜在的不詳割合				
	国籍または年齢	配偶関係	労働力状態	従業上の地位	産業大分類	職業大分類	教育	5年前の居住地	配偶関係	労働力状態	従業上の地位	産業大分類	職業大分類	教育
全　国	1.3	1.9	5.6	3.8	5.8	5.7	12.1	6.5	2.7	6.4	10.0	11.9	11.8	12.9
北海道	0.2	1.0	3.7	3.7	5.5	5.4	10.4	4.7	1.2	3.9	7.5	9.1	9.1	10.6
青森県	0.5	0.4	1.2	1.6	2.7	2.7	3.4	1.9	0.8	1.6	3.2	4.3	4.2	3.8
岩手県	0.5	0.9	1.7	0.4	1.4	1.3	3.7	1.5	1.3	2.1	2.5	3.5	3.5	4.1
宮城県	0.9	2.5	4.5	0.8	2.4	2.2	7.4	4.6	3.3	5.3	6.0	7.5	7.4	8.2
秋田県	0.5	0.5	2.5	0.6	1.5	1.4	4.6	1.8	0.7	2.7	3.3	4.1	4.0	4.8
山形県	0.4	0.3	1.6	0.4	1.7	1.7	2.8	1.5	0.7	1.9	2.3	3.6	3.5	3.1
福島県	0.7	1.5	4.6	1.1	3.2	3.1	8.2	2.6	2.2	5.3	6.3	8.3	8.2	8.8
茨城県	0.5	0.7	2.8	3.0	5.1	5.1	7.8	3.2	1.2	3.3	6.3	8.3	8.2	8.3
栃木県	1.2	1.0	4.1	2.1	4.0	3.9	8.6	4.2	2.0	5.1	7.0	8.9	8.8	9.5
群馬県	0.7	0.7	2.6	1.5	3.1	3.0	6.7	2.8	1.4	3.2	4.6	6.2	6.1	7.2
埼玉県	1.0	1.7	5.1	4.9	7.3	7.2	13.4	6.0	2.1	5.5	10.1	12.4	12.3	13.8
千葉県	2.7	2.0	6.5	3.8	6.4	6.2	13.7	7.9	3.4	7.9	11.4	13.8	13.7	15.0
東京都	2.6	5.7	13.8	11.3	13.7	13.4	25.7	18.7	7.1	15.2	24.7	26.8	26.6	26.8
神奈川県	1.2	2.1	9.5	2.6	4.9	4.8	15.2	8.6	2.7	10.0	12.4	14.5	14.3	15.8
新潟県	0.6	0.5	2.3	0.8	2.5	2.4	6.5	1.4	1.0	2.8	3.6	5.2	5.2	7.0
富山県	0.6	0.7	1.7	0.8	2.0	1.9	5.4	1.9	1.1	2.1	2.9	4.1	4.0	5.8
石川県	1.0	1.2	2.5	3.1	4.7	4.7	9.6	4.0	2.1	3.4	6.4	8.0	7.9	10.4
福井県	1.1	0.4	1.6	0.3	1.7	1.7	2.7	2.4	1.5	2.7	3.0	4.4	4.3	3.7
山梨県	0.7	0.8	3.8	0.6	2.1	2.0	5.9	3.4	1.4	4.4	5.0	6.4	6.3	6.5
長野県	0.3	0.4	1.3	2.1	3.4	3.3	6.3	1.6	0.8	1.6	3.7	5.0	4.9	6.6
岐阜県	0.6	0.5	1.5	2.1	3.3	3.2	4.6	2.5	1.0	2.0	4.1	5.3	5.2	5.1
静岡県	0.7	0.7	1.4	1.7	2.6	2.6	5.1	2.5	1.3	2.0	3.6	4.6	4.5	5.8
愛知県	1.4	1.6	4.7	4.4	6.4	6.3	12.8	5.8	2.6	5.6	9.8	11.7	11.6	13.7
三重県	0.9	1.2	3.4	3.1	5.2	5.1	10.1	3.7	1.9	4.2	7.1	9.2	9.1	10.8
滋賀県	1.4	1.0	3.6	2.6	5.1	5.0	9.1	4.2	2.1	4.7	7.2	9.5	9.4	10.2
京都府	2.2	1.9	5.4	6.0	8.8	8.7	15.1	8.4	3.6	7.1	12.7	15.2	15.1	16.6
大阪府	1.9	3.1	9.3	5.1	8.0	7.9	17.8	10.3	4.1	10.2	14.8	17.5	17.3	18.7
兵庫県	1.3	1.7	5.6	3.2	5.8	5.7	12.5	5.7	2.3	6.2	9.1	11.6	11.5	13.1
奈良県	0.7	1.0	4.9	1.9	4.2	4.0	8.5	4.0	1.6	5.5	7.3	9.4	9.3	9.1
和歌山県	1.0	0.8	2.7	1.5	3.0	3.0	7.0	2.8	1.7	3.6	5.1	6.6	6.5	7.9
鳥取県	1.1	1.0	2.3	3.1	5.4	5.4	9.7	3.2	2.0	3.2	6.2	8.5	8.4	10.6
島根県	0.7	0.8	2.7	1.0	2.9	2.8	7.6	2.2	1.4	3.2	4.2	6.0	5.9	8.1
岡山県	1.2	0.6	1.5	2.7	4.9	4.9	4.2	2.8	1.6	2.5	5.2	7.3	7.2	5.1
広島県	1.6	1.1	5.1	2.6	4.8	4.7	13.5	4.5	2.4	6.3	8.7	10.8	10.7	14.6
山口県	0.4	0.7	2.3	1.0	2.1	2.0	5.5	2.3	1.1	2.7	3.7	4.7	4.6	5.9
徳島県	1.2	2.0	4.6	1.4	3.8	3.7	10.4	4.2	3.0	5.6	6.9	9.2	9.1	11.3
香川県	1.8	0.7	3.0	0.8	2.4	2.4	7.1	3.7	2.4	4.6	5.4	6.9	6.9	8.7
愛媛県	0.8	0.9	1.5	2.2	2.9	2.9	4.9	3.3	1.6	2.1	4.3	5.0	5.0	5.5
高知県	0.9	1.4	6.6	1.1	2.7	2.7	10.9	6.1	2.2	7.4	8.4	10.0	9.9	11.7

表 2-3（つづき）　都道府県別にみた不詳割合と潜在的不詳割合（2010年）（%）

都道府県	不詳割合								潜在的不詳割合				
	国籍または年齢	配偶関係	労働力状態	従業上の地位	産業大分類	職業大分類	教育	5年前の居住地	配偶関係	労働力状態	従業上の地位	産業大分類	職業大分類	教育
福岡県	1.4	1.9	5.5	3.4	5.5	5.4	12.6	6.0	2.7	6.3	9.5	11.5	11.4	13.3
佐賀県	0.5	0.6	0.9	1.7	3.0	3.0	4.7	2.0	1.0	1.3	3.0	4.3	4.2	5.1
長崎県	0.6	0.7	1.1	2.1	3.3	3.2	6.6	2.2	1.2	1.6	3.7	4.8	4.8	7.0
熊本県	0.9	1.1	4.1	1.1	2.7	2.6	8.5	3.4	1.8	4.7	5.8	7.3	7.2	9.1
大分県	0.8	0.7	1.3	2.1	3.3	3.2	4.0	2.7	1.3	1.9	3.9	5.1	5.1	4.6
宮崎県	0.6	0.8	2.1	2.3	3.5	3.5	7.5	2.9	1.2	2.5	4.8	6.0	5.9	8.0
鹿児島県	0.6	0.7	2.8	2.6	3.9	3.9	8.0	2.6	1.2	3.2	5.8	7.0	6.9	8.4
沖縄県	0.9	2.1	7.3	6.3	8.7	8.5	15.0	8.2	2.8	7.9	13.7	16.0	15.8	15.5

注：潜在的不詳割合は図2-1および本文に詳しい。

を超えた。他の調査事項については，先述のように2005年以前との厳密な意味での比較ではないが，いずれも不詳割合は2000年以降，一貫して増加した。配偶関係については，比較的変化は小さく，2000年の0.9%から2010年の1.9%へと1ポイントの変化にとどまった。それ以外の調査事項については少なからぬ変化がみられた。とくに教育は2010年の不詳割合が10%を超えており，2000年の不詳割合から8ポイントを超える大幅な増加となった。産業大分類や職業大分類，労働力状態に関しては，教育ほどではないものの，2010年の不詳割合は5%を超えた。こうした中で5年前の居住地の不詳割合は2000年の0.0%から6ポイント以上増え，2010年は6.5%であった。

　2010年の不詳割合と潜在的不詳割合を都道府県別に示したのが表2-3である。不詳割合の都道府県別の分布は，その水準を別にすれば，東京都を中心として総じて大都市圏で高く，非大都市圏で低いことはいずれの調査事項にも共通する。都道府県別にみた調査事項別の不詳割合は，概ね表2-2で示した全国値の水準を反映して各都道府県の値も変化する。ただし，不詳割合の全国値が高いほど都道府県別の不詳割合の標準偏差も大きくなる傾向にあり，不詳割合の全国値が高い場合には東京都をはじめとする大都市圏の不詳割合がかなり高い値を示す反面，非大都市圏の不詳割合は数%程度にとどまる例が少なくない。たとえば，教育の場合，東京都の不詳割合は25.7%であるが，最も低い福井県では2.7%であり，10県で5%未満にとどまった。

　5年前の居住地の不詳割合について都道府県別の分布をみると，東京都が18.7%，大阪府がこれに次ぐ10.3%である。大都市圏が含まれる府県では概ね5%超となっ

ているが，非大都市圏では3％未満の例も多くみられる。

　他方，15歳以上人口が対象となる調査事項や枝問に相当する調査事項である6種の調査事項について潜在的不詳割合をみると，いずれの調査事項においても不詳割合より高い値を示す。とくに従業上の地位や産業大分類，職業大分類については，労働力状態が「不詳」の影響もあるため不詳割合との差が大きく，教育とほぼ同水準の値となった。都道府県別の分布パターンについては，水準の差はみられるものの，不詳割合と同様の傾向を示す。これら6種の調査事項の中では，労働力状態の潜在的不詳割合が5年前の居住地の不詳割合と近い水準である。

　これらの都道府県別の不詳割合や潜在的不詳割合は，回収状況とも関連している。5年前の居住地の不詳割合の場合，表2-1に示した都道府県別の回収できなかった世帯の割合との相関係数は0.85であった。

3　5年前の居住地の不詳割合

　国勢調査の人口移動に関する問いは，これまで大規模調査年に限って設けられ，直近の3回の大規模調査（1990年・2000年・2010年）においては，5年前の居住地を尋ねている。2010年国勢調査の人口移動集計では，主に男女年齢別の結果を表章する「移動人口の男女・年齢等集計」，主に産業大分類別・教育程度別の結果を表章する「移動人口の産業等集計」，主に職業大分類別の結果を表章する「移動人口の職業等集計」の3種類の集計結果が存在する。

　以下では，「移動人口の男女・年齢等集計」のなかの都道府県別および市区町村別の集計結果を主対象とし，5年前の居住地の不詳割合について，地域別・年齢別にみた分布を中心に述べることとする[16]。

■3-1　「移動人口の男女・年齢等集計」における不詳の概要

　まず，「移動人口の男女・年齢等集計」の全国集計結果から全年齢を通した不詳割合を算出すると，男性7.5％，女性5.7％であった。ちなみに2000年国勢調査の人口移動集計において同様に不詳割合を算出すると，男性・女性とも0.0％であり[17]，

---

16) 年齢別の不詳割合を算出する際に用いる年齢別人口には，年齢が「不詳」の人口は含まない。
17) 5歳以上について算出した値。2000年国勢調査においては，調査時点で5歳未満の子どもは人口移動集計の対象となっていない。

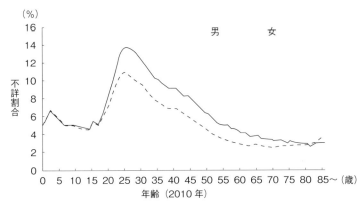

図 2-2 「移動人口の男女・年齢等集計」における「5 年前の居住地」の年齢別不詳割合

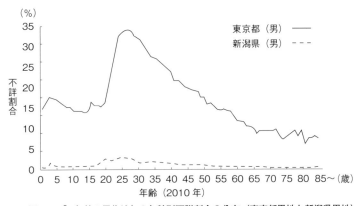

図 2-3 「5 年前の居住地」の年齢別不詳割合の分布（東京都男性と新潟県男性）

ともに急増していることがわかる。

不詳割合は，年齢別に大きく異なっている（図 2-2）。最も不詳割合が高いのは男性で 26 歳（13.7%），女性で 25 歳（11.0%）となる一方で，最も不詳割合が低いのは男性で 81 歳（2.6%），女性で 70 歳（2.4%）であり，全体として移動率と不詳割合との相関が高いこと（すなわち，移動率の高い年齢で不詳割合も高いこと）が窺える。

また，年齢別の不詳割合は都道府県別の差が大きい。全年齢での不詳割合が最も高い東京都（18.7%）と最も低い新潟県（1.4%）について，男性の年齢別の不詳割合を示したのが図 2-3 である。新潟県の男性では最も不詳割合が高い 24 歳においても 3.2% にとどまっているのに対し，東京都の男性では 26 歳において 34.4% に達し

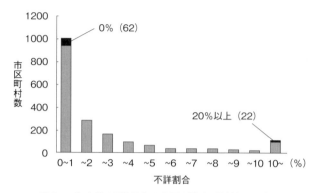

図 2-4 「5 年前の居住地」の市区町村別不詳割合の分布
注：0％と20％以上に続くカッコ内の数字は自治体数を表す。

ており，23-32歳においてはすべて30％以上となっている。これは，国勢調査時点において東京都に居住していた若年層男性のなかで，5年前の居住地が「不詳」である人の割合が30％以上であることを意味しており，とくに東京都を中心とする大都市圏において，他地域からの転入数を本集計結果から精確に把握するのが非常に困難な状況となっていることがわかる。

不詳割合を市区町村別にみると，その較差はさらに拡大する（市区町村別不詳割合のヒストグラムを図2-4に示す）。全年齢での不詳割合が1％未満の市区町村が過半数（52.9％）を占める一方で，不詳割合が10％以上の市区町村も5.9％を占める。また，人口規模の大きい自治体ほど不詳割合は高くなる傾向があり，不詳割合が10％以上の市区町村人口が全国人口に占める割合は17.7％に達する。表2-4は，不詳割合の上位10市区町村を示したものであるが，不詳割合の上位には軒並み東京都の特別区や大阪市の行政区が並び，人口移動の活発な地域ほど不詳割合の高いことが知られる。

さらに，不詳割合が20％以上の市区を抽出して年齢別（男女計）の不詳割合を算出すると（図2-5），やはり若年層での不詳割合の高さが目立ち，とりわけ25-29歳では40％を超える。こうした状況により，2005年の国勢調査から推定される転入超過数と「移動人口の男女・年齢等集計」から得られる転入超過数に不整合が生じる場合がある。一例として東京都千代田区の男性30-34歳を取り上げ，詳細をみてみることとする。

2010年国勢調査による千代田区の男性の30-34歳人口は2,276人（年齢不詳を除

表 2-4 「5 年前の居住地」の不詳割合の上位 10 市区町村

コード	市区町村	不詳割合 (%)
27111	大阪市浪速区	35.3
13104	東京都新宿区	34.3
13116	東京都豊島区	34.2
13103	東京都港区	33.2
27106	大阪市西区	30.0
27128	大阪市中央区	28.9
13113	東京都渋谷区	28.8
13101	東京都千代田区	25.7
13114	東京都中野区	25.6
13106	東京都台東区	23.7

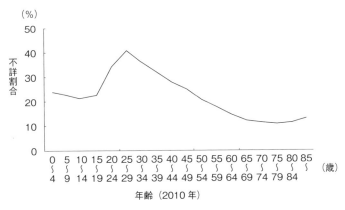

図 2-5 「5 年前の居住地」不詳割合 20%以上の市区の年齢別不詳割合

く）であり，対応するコーホートである 2005 年国勢調査における同区の男性の 25–29 歳人口（1,983 人（年齢不詳を除く））から 293 人の増加となっている。当該年齢における死亡の発生はごくわずかであるため，転入超過によって人口が増加したと考えられるが，「移動人口の男女・年齢等集計」から，千代田区男性の 30–34 歳の転出入状況をみると，転入人口が 811 人（自市内他区 366 人，県内他市区町村 60 人，他都道府県 348 人，国外 37 人），転出人口が 1,012 人（自市内他区 525 人，県内他市区町村 84 人，他都道府県 403 人）であり，201 人の転出超過となっている。国勢調査では国外

に転出した人口は調査対象外であり，国外転出も含めれば，見かけ上の転出超過数はさらに増加することになる。しかし，上記の転入人口に5年前の居住地が現住地（487人）または自区内（90人）の577人を加えても1,388人であり，2,276－1,388＝888人の5年前の居住地は「不詳」となっている（不詳割合：888/2,276＝39.0％）。この888人のなかで，実際には区外から転入してきた人が多分に含まれると考えられる。一方で，国勢調査時点で千代田区外に居住していた人のなかで5年前の居住地が千代田区の場合は，千代田区からの転出としてカウントされるが，転出先の自治体で5年前の居住地が「不詳」になっているケースもあり得るため，国勢調査で集計された転出人口も実際より少ない可能性が高い。2010年の30-34歳人口と2005年の25-29歳人口の差をみる限り，転出人口より転入人口の集計の方がより過小になっていると考えられるものの，それ以上の情報を本集計結果から得ることはできない。

このように，東京都や大阪府の都心部を中心として不詳割合が高いということは，都心部からの転出人口と比較して，都心部への転入人口がより過小に集計されている可能性が高いことを意味する。2010年国勢調査の「移動人口の男女・年齢等集計」の結果を利用する際には，その点に十分注意する必要があるだろう。

■3-2 「移動人口の産業等集計」・「移動人口の職業等集計」における不詳の概況

最後に，「移動人口の産業等集計」および「移動人口の職業等集計」の状況についても概観しておく。

「移動人口の産業等集計」から，男女・年齢・都道府県をすべて合計した労働力状態別に5年前の居住地の不詳割合を算出すると，不詳割合が最も高いのは労働力状態が「不詳」の場合の62.1％で，次いで「通学」（5.5％），「完全失業者」（2.8％）の順である。労働力状態が「不詳」の場合の多くが5年前の居住地も「不詳」となっていることがわかる。同様に，産業大分類別に5年前の居住地の不詳割合を算出すると，「T 分類不能の産業」で40.0％となっている以外は，すべて0.2％-0.4％と低い値である。さらに，男女・年齢・都道府県をすべて合計した教育分類別の不詳割合を算出すると，最終学歴が判明している場合の不詳割合は低く，「小学校・中学校」が0.7％，「高校・旧中」が0.7％，「短大・高専」が0.5％，「大学・大学院」が0.3％となっている。一方で，「（最終学歴）不詳」の不詳割合は高く（41.8％），「在学者」（5.1％），「未就学者」（5.8％）も比較的高い水準となっている。

また，「移動人口の職業等集計」から，男女・年齢・都道府県をすべて合計した従業上の地位別の5年前の居住地の不詳割合を算出すると，従業上の地位が「不詳」の場合に61.2％で最も高く，それ以外は0.2％-0.6％と低い値である。同様に，職業大分類別に5年前の居住地の不詳割合を算出すると，「T 分類不能の職業」で40.7％のほかは，すべて0.1％-0.5％である。

なお，これらの集計結果について都道府県別にみると，2節でも述べているとおり，不詳割合の低い分類では各都道府県とも不詳割合は一様に低い反面，不詳割合の高い分類においては不詳割合に大きな較差があり，全体として大都市圏で不詳割合が高い傾向がある。こうした傾向は，大都市圏において回答状況が全面的に芳しくない票の割合が高いことを示唆するものであると考えられる。

4 「不詳」増加の影響と今後の展望

本章では，国勢調査における「不詳」の発生状況について，人口移動に関する調査事項である5年前の居住地を中心に概観してきた。2節では，調査法の変更や回収状況を整理し，5年前の居住地以外の調査事項も含めた「不詳」の発生状況を確認した。その結果，「不詳」は増加傾向にあり，属性別人口の時系列での分析，とりわけ大都市圏を対象とする場合には多大な注意を払う必要が生じてきていることが明らかになった。3節で触れた人口移動集計は，現住地ベースでの移動状況が男女年齢別等に把握できる大変貴重な資料であるが，上述のように不詳割合が大幅に増加すると同時に，不詳割合の地域別・年齢別の差異が際立っており，地域間の人口移動を精確に捉えることは非常に困難な状況となっている。国立社会保障・人口問題研究所が実施している地域別の将来人口推計に人口移動集計を直接的に活用できず，代替として2時点における国勢調査の男女年齢別人口から推定される純移動率を基準としているのも，こうしたことが一因となっている。しかし，男女年齢別人口も大都市圏を中心に「不詳」が大幅に増加し，また「不詳」の年齢別分布に大きな偏りがあると推定される状況において，地域や年齢によっては，この純移動率も実態と乖離している可能性が否定できなくなりつつある。

2010年の国勢調査では，東京都を対象としてインターネット回答が初めて導入されるなど，さまざまな対応策を駆使して調査票回収率の向上が図られた。インターネット回答が一定の成果を挙げた一方で，「不詳」が急増した背景としては，オートロックマンションの普及などによる調査環境の悪化とともに，個人情報漏洩に対

する危機意識の高まりが挙げられるだろう。確かに昨今，個人情報が悪用されるケースは多発しており，なかには国勢調査をかたって個人情報を聞き出す事例もみられたという。しかしこうした事例は，回収率の低下や回答状況の悪い調査票の増加をもたらし，統計の精度低下という重大な問題を引き起こす要因となり得る。精度を欠いた統計に基づく分析は精度を欠いた考察結果を誘発し，ひいては国や地方自治体による政策立案にも支障をきたしかねない。国勢調査は個人情報保護法の対象外であるが，当然ながら国勢調査の回答内容は統計作成以外の目的には利用されず，票の管理にも万全が期されており，個人情報の漏洩を防ぐための体制がとられている。上述のような危機意識が共有されると同時に，調査が円滑に実施されることを強く願う次第である。

第3章
小地域でみる国勢調査「不詳」の分布

埴淵知哉・中谷友樹・村中亮夫・花岡和聖

本章の問い

◎小地域レベルでみると「不詳」はどこに多いのか？
◎都市化度は「不詳」の分布を十分に説明できるのか？
◎地域分析は「不詳」問題にどう取り組むべきか？

　本章は，小地域レベルの「不詳」発生における地理的特徴を探り，地域分析への影響と対処法について検討することを目的とする。2010年国勢調査を用いて「年齢」・「配偶」・「労働」・「教育」・「前住」に関する不詳率を算出し，都市化度別の集計，地図による視覚化，マルチレベル分析をおこなった。分析の結果，「不詳」発生は都市化度と明瞭に関連していると同時に，市区町村を単位としたまとまりを有していることが示された。このことから，国勢調査を用いた小地域分析において「不詳」の存在が結果に与える影響に留意するとともに，今後，「不詳」発生の傾向を探るための社会調査の実施や，データの補完方法についての基礎研究を進める必要性が指摘された。

1　悉皆調査の有用性と小地域レベルの「不詳」問題

　国勢調査の最大の特徴は，全国を対象とした悉皆調査という方法にある。全国各地に居住するすべての個人を対象に調査を実施するため，都道府県や市区町村，そして1995年以降は町丁・字等といった小地域レベルでもデータを得ることができ，さまざまな地域間の比較が可能となった。悉皆調査であることによって，部分地域における実数を正確に把握でき，小地域単位でも平均や比率といった代表値を安定的に求めることが可能になる。これは，データを地理的単位で分割して利用するこ

とが多い地理学にとって，標本調査では代替しがたい大きな利点となっている。小地域集計データを利用して諸現象の詳細な地理的変動を分析するような研究も増えており，隣接諸科学においても広く使用されている[1]。

そして，従来，国勢調査は極めて高い回収率を達成しており，これが悉皆調査という調査デザインと組み合わさることで，実態を正しく反映する統計値を提供するものとみなされ利用されてきた[2]。それゆえ，国勢調査の結果は行政施策や調査研究の基礎資料として利用され，また，標本調査設計における母集団の抽出枠を提供する役割を果たすことができた。

ところが，この国勢調査をめぐって近年問題となってきたのが，「不詳」の増加である（山田 2011, 2012, 2013；阿部 2013；小池・山内 2014 ☞第2章）。オートロックマンションの増加や生活時間の多様化に伴う接触困難，あるいは個人情報保護やプライバシー意識の高まりなどによって，有効な回収・回答を得ることが難しい状況が生じている。

地理学にとってさらに困難な点は，第2章でみたように，この「不詳」の発生そのものが地理的な偏りをもっていることである。「不詳」の地理的分布が何らかの系統的な偏りを伴う場合には，その「不詳」を除いた回収標本から現象の地理的な分布や関連性を観察した際に，疑似的な地域差や推論上の過誤を導いてしまう可能性が生じる。したがって，これまで高回収率の悉皆調査であるがゆえに無視することができた「調査誤差」を，地理的側面に注目して検討する必要性が高まってきた[3]。

とりわけ 2010 年調査は，郵送による返送やインターネット回答（東京都のみ）の導入といった調査法の変更も伴っており，従来の調査とは「不詳」の発生パターン

---

1) たとえば，CiNii Articles で「国勢調査小地域」を検索すると 54 件がヒットし（2017 年 2 月 20 日検索），雑誌名から地理学以外にも都市計画学や人口学などの諸分野でこのデータが利用されていることが窺える。
2) 国勢調査の歴史や，調査員・調査対象者の意識の変化については，佐藤（2015）に詳しい。たとえば，一世紀近く前に実施された第一回国勢調査（1920 年）が当時順調に実施された要因については，「当時の日本国民が，国勢調査を，自国が「一等国」になったことを象徴するできごとと捉え，そこに参加することを誇りと感じる心情が濃厚だったことが挙げられよう。今日の国勢調査をめぐる人々の受け止め方とは全く異なっていたのである」（佐藤 2015：84）と評されている。現在ではその業務の困難さから成り手が不足している調査員も，「このときの国勢調査では，調査員に選任されることを誇りとする心情が人々の間では一般的であった」（佐藤 2015：70）とされるように，調査員・調査対象者の意識をはじめとする調査環境が今日とは大きく異なっていた様子が窺える。

も異なる可能性がある。訪問を伴う標本調査の回収率は，一般的に都市部で低くなるという地理的な偏りが知られているものの（保田 2008），インターネット調査へのモニター登録や，住所のような詳細な情報への回答はむしろ都市部で多くなる傾向も報告されているからである（埴淵ほか 2015☞第7章；埴淵・村中 2016☞第8章）。

「不詳」の地理的な発生パターンや，それに伴う各種地域分析への影響については，すでに阿部（2013）や小池・山内（2014☞第2章）による論考がある。しかし，分析対象となっているのは全国や都道府県，市区町村単位の「不詳」発生であり，近年の地理学研究で頻繁に利用される小地域レベルでの検討はなされていない。小地域レベルでの分析によって，より詳しく「不詳」発生の地理的特徴を探ることができると同時に，町丁・字等という最小単位を分析単位とすることで，「不詳」の発生がどのスケールでパターン化しているのか，言い換えると，「不詳」発生に対して意味をもつ地域単位がいずれであるのかについても，手掛かりを得ることが可能になる。

そこで本章では，2010年国勢調査[4]の小地域集計データを用いて，「不詳」の地理的分布とその規定要因を視覚的・数量的に把握する。そのうえで，調査誤差発生の地理的なパターン（偏り）を探り，「不詳」を含む小地域集計データの使用が地域分析にもたらす影響を考察する。それを通じて，地域分析における国勢調査データ利用の注意点およびその改善策，さらに今後の調査・分析上の示唆を得ることを目的としたい。

2 データと分析方法：2010年国勢調査小地域集計

■2-1 データ

ここでは，国勢調査の項目において主要かつ地理学研究でも利用頻度の高いものとして，①「年齢」，②「配偶関係」，③「労働力状態」，④「最終卒業学校の種類」，

---

3) たとえばグローヴスほか（2011）は，調査の各場面で生じる誤差を総合した総調査誤差という考え方を示している。その中には，調査の諸段階においてさまざまな誤差が生じることが示されており，明らかにしたい何らかの「真の値」と調査を通じて得られる統計量の間のずれが問題となる。国勢調査は悉皆調査であり，カバレッジ誤差や標本誤差は理論的には無視しうるものの，「不詳」の増加は，対象者として選ばれたにもかかわらず回答が得られないという「無回答誤差」によって総調査誤差を増大させる問題であると理解される。

4) 本文では西暦を用いて表記するが，正式名称は「平成22年国勢調査」である。

⑤「5年前の常住地」の5項目を取り上げ，それぞれの不詳数および不詳率[5]を算出する（以下，それぞれを「年齢不詳」「配偶不詳」「労働不詳」「学歴不詳」「前住不詳」と略記する）。このうち，年齢不詳と前住不詳は総人口，配偶不詳と労働不詳は15歳以上人口，学歴不詳は15歳以上の卒業者が対象となり，不詳率の計算に際してはこれらが分母となる。

データは『ArcGIS Data Collection 国勢調査2010 町丁・字等別集計 全指標』（ESRI社）を利用し，集計・分析単位には都道府県，市区町村に加えて町丁・字等を用いた。ただし，町丁・字等による地図化および統計分析については，人口規模が小さく統計的に不安定な値が含まれることを避けるために，秘匿・合算地域および各指標で不詳率の分母になる値が50未満の地域を便宜的に分析から除外した[6]。

■2-2 分析方法

分析に際しては，まず全国的な「不詳」発生の状況を概観し，不詳率のばらつきを確認したうえで，その地域差をもたらす要因として都市化の度合いに注目する。都市化の度合いは，社会調査に関する先行研究が繰り返し回収率との関連性を確認してきた最も重要な地理的条件である[7]（崔田 2008；保田 2008）。そこで，都道府県／市区町村／町丁・字等のマルチスケールで都市化の度合いを反映した指標を設定し，それぞれについて不詳率を算出する。ここでは，各スケールでの都市化の度合いを表す簡便な指標（以下，都市化度）として，都道府県単位による都市圏域をマクロ都市化度（東京圏／大阪圏／名古屋圏／地方圏の4群），市町村の人口規模をメソ都

---

[5] 本章では「不詳」というイベント発生率の地域差を統計的に検討することから，「不詳率」という表現を使用しているが，第2章の「不詳割合」と同じ意味である。

[6] 結果的に分析から除外された町丁・字等の地区数は，分母が最も多い総人口の場合で36,590（16.8%），最も少ない15歳以上の卒業者の場合で40,652（18.7%）である。ただし，人口でみるとそれぞれ1,967,471（1.5%）と2,205,861（1.7%）であり割合は小さい。除外された地区の各不詳率は全体のそれに比べてやや低い傾向があるものの，除外前後での全国の不詳率の差は0.00–0.06ポイントに過ぎないため，全体の分析結果に与える影響は極めて小さいと判断される。なお，分母の50未満という基準は絶対的ではなく便宜的なものに過ぎないが，たとえば人口が20であれば「不詳」が1増えるだけで不詳率が5%高くなるため，全体の不詳率（最も高い学歴で13.1%）に対して極端な値をとる可能性が高く，他方で人口の基準を高くするほど除外が増えて対象外となる地区が多くなるため，両者のバランスを考慮して50という基準を設定した。

[7] ただし，都市化度と回収率の関連性は必ずしも線形ではないとする報告（埴淵ほか 2012a）もある。

市化度 (50万人以上の市／20-50万人未満の市／20万人未満の市／郡部の4群)，町丁・字等の人口密度をミクロ都市化度 (5,000人/km² 以上／2,000-5,000人/km² 未満／200-2,000人/km² 未満／200人/km² 未満の4群) として分析に利用する[8]。

次に，町丁・字等を単位とした不詳率の分布図を作成し，「不詳」発生の地理的パターンを視覚化することで，都市化度以外の規定要因の有無を探る。とくに注目するのは，「不詳」の発生に影響を及ぼす可能性のある自治体，とりわけ市区町村を単位とした空間的なまとまりの有無である。その理由は，国勢調査は総務省統計局が主体となり全国的に実施されるものの，実際の調査に関わる調査員（国勢調査員）の選考・配置・指導や，記入済み調査書類の審査，また未記入項目に対する補記[9]などの実務は市区町村が担うため，これが未回収・未回答の発生に影響することが想定されるためである。

そして，都市化度による集計および地図から視覚的に把握された傾向を同時に考慮し，それぞれの独立した効果を確認するために，小地域における「不詳」発生の回帰モデルを作成する。具体的には，町丁・字等における不詳数を従属変数，上記の都市化度を独立変数，そして調査実施の主体となる市区町村[10]をグループ変数としたマルチレベル回帰モデルを検討し，各レベルの都市化度を調整したうえでもなお，市区町村間に有意な地域間分散が残るかどうかを確認する。不詳数はカウントデータであることから，分析には負二項回帰モデルを利用し，不詳率の分母とな

---

8) 都市化の度合いを測定する際に，確立された指標があるわけではない。したがって，ここで使用する指標および分類も，あくまで不詳率の地域差を分析するという本章の目的の範囲内で，便宜的に設定したものである。カテゴリは，指標の組み合わせ（クロス集計）や結果の比較が容易になるように，いずれも4群に分割した。マクロ都市化度の三大都市圏については，東京圏（東京都・神奈川県・埼玉県・千葉県），大阪圏（大阪府・兵庫県・京都府・奈良県），名古屋圏（愛知県・岐阜県・三重県）とそれ以外の地方圏に区分した。メソ都市化度については，政令指定都市・中核市の制度上使用されている人口規模の基準を参考にした。ミクロ都市化度の人口密度については，基準となる数値に特定の意味は想定していないものの，各群に含まれる地区数が大きく偏らない範囲で，かつ結果の解釈が容易な区切りとして設定した。

9) 2010年国勢調査では，行政情報（住民基本台帳や外国人登録）の活用による生年月日や世帯員数の「補記」が認められた。

10) 都市化度については都市規模を表すために「市町村」を単位としたが，マルチレベル分析では「市区町村」単位でグループ変数を作成している。これは既述のとおり，調査実務において市区町村が主体となるためであり，この単位が「不詳」の発生において意味をもつことが想定されるからである。

る対象人口をオフセット項に指定したうえで，切片に市区町村レベルの誤差項を導入したランダム切片モデルを用いる[11]。なお，解析用ソフトウェアにはSTATA 14を用いた。

3 不詳率の地理的分布と関連要因

■3-1 不詳率の分布の概要

まず，2010年国勢調査における不詳率の地域差について概観しておきたい。不詳率を項目別にみると，最も低い年齢（0.8%）から最も高い学歴（13.1%）まで大きな差がある。都道府県による地域差は大きく，学歴を例にとると，東京都（27.8%）と大阪府（19.2%）などの上位の都府県と，最下位の福井県（2.8%）のような不詳率の低い地域との差は明らかである。不詳率は概ね大都市圏で高いものの，沖縄県など地方圏においても高い地域が散見される。市区町村単位でみるとさらに地域差は顕著になり，再び学歴を例にとると大阪市浪速区（45.2%）から不詳者ゼロの町村（0.0%）まで差が拡大する。不詳率上位の市区町村は，年齢以外はすべて東京特別区あるいは大阪市の区であり，大阪市浪速区，東京都豊島区・新宿区などが多くの項目に共通する。年齢については他の項目とやや異なり，東京都杉並区（13.8%）と名古屋市中区（12.4%）の二つが突出して高い不詳率を示している。

表3-1は，各地域単位で集計した不詳率の記述統計量を示したものである。当然ではあるものの，地域単位が詳細になるほど不詳率のばらつきは大きくなり，町丁・字等レベルでは年齢以外の不詳率の最大値が100%になるなど，地域分析に深刻な影響を与えかねない状況が浮かび上がる[12]。このような簡単な集計結果からも，2010年国勢調査における不詳率の高さとその地域差の大きさを確認することができる。先行研究が指摘してきた，「不詳」増加に伴うデータの精度の問題，そして地

---

11) ここで分析したいのは，ある地域で「不詳」が発生する水準であるが，不詳「率」は分布が大きく歪んでいるためこれを従属変数とした線形回帰分析には適さない。そこでカウントデータである不詳「数」を従属変数とした負二項回帰モデルを考え，人口規模の影響を調整する（人口が多いことに比例して不詳数も多くなるという効果を取り除く）ために，各不詳率の分母となる対象人口をオフセット項に指定するという手法を用いた。
12) この結果は人口規模の小さい町丁・字等を除外したものであり，すべてを含めると年齢についても不詳率が100%の地区は存在する。

表 3-1 都道府県，市区町村，町丁・字等レベルでみた不詳率の記述統計

		地域数	範囲	最小値	最大値	平均値	標準偏差	第1四分位点	中央値	第3四分位点
都道府県レベル	年齢不詳率 (%)	N=47	1.4	0.2	1.6	0.7	0.3	0.4	0.6	0.9
	配偶不詳率 (%)	N=47	5.3	0.3	5.7	1.2	0.9	0.7	0.9	1.6
	労働不詳率 (%)	N=47	13.0	0.9	13.8	3.7	2.6	1.7	2.8	4.9
	学歴不詳率 (%)	N=47	24.9	2.8	27.8	9.4	4.9	5.7	8.4	11.6
	前住不詳率 (%)	N=47	17.2	1.4	18.7	4.2	3.0	2.4	3.3	4.7
市区町村レベル	年齢不詳率 (%)	N=1,901	13.8	0.0	13.8	0.3	0.8	0.0	0.1	0.3
	配偶不詳率 (%)	N=1,901	13.8	0.0	13.8	0.9	1.3	0.1	0.4	1.0
	労働不詳率 (%)	N=1,901	31.5	0.0	31.5	2.5	3.6	0.2	1.1	3.1
	学歴不詳率 (%)	N=1,901	45.2	0.0	45.2	6.6	7.5	1.0	3.3	10.7
	前住不詳率 (%)	N=1,901	38.1	0.0	38.1	2.8	4.5	0.3	1.1	3.2
町丁・字等レベル	年齢不詳率 (%)	N=180,596	58.2	0.0	58.2	0.6	1.6	0.0	0.0	0.4
	配偶不詳率 (%)	N=177,996	100.0	0.0	100.0	1.2	2.6	0.0	0.4	1.5
	労働不詳率 (%)	N=177,996	100.0	0.0	100.0	3.7	4.8	0.0	1.9	5.6
	学歴不詳率 (%)	N=176,534	100.0	0.0	100.0	9.7	10.0	1.2	6.5	16.1
	前住不詳率 (%)	N=180,596	100.0	0.0	100.0	4.2	6.6	0.0	1.4	5.7

域分析への影響が，とりわけ小地域レベルにおいて看過しえない状況に達しつつあることが窺えよう。

■3-2 都市化の度合いとの関連

続いて，都市化の度合いによって不詳率がどのように異なるのかを表3-2に示した[13]。集計結果によると，マクロ・メソ・ミクロのいずれの都市化度についても，都市化の度合いが高いほど不詳率が高くなる傾向が明瞭にみられる。4区分のうち都市化度が最高と最低のカテゴリを比較すると，最大で十数倍程度と，極めて大きな不詳率の違いがある。たとえば，人口密度が200人/km^{2}未満の町丁・字等では，学歴不詳率が4.3%と全国値の三分の一以下であり，労働や前住の不詳率も1%未満と小さい。他方で，人口密度が5,000人/km^{2}以上の町丁・字等では，学歴の不詳率が17.8%と高く，さらに労働や前住の不詳率も10%近くにまで達する。

ただし，これらのマクロ・メソ・ミクロの都市化度は相互に関連しあうため，不詳率を最も強く規定するスケールの集計結果が他のスケールのそれに反映された

---

[13] 以下の分析では，都道府県，市区町村，町丁・字等の複数のスケールを組み合わせて都市化度と不詳率の関連をみていくため，ここからはすべて，最小単位である町丁・字等をもとにした集計結果を示す。

表 3-2 マクロ・メソ・ミクロレベルの都市化度による不詳率の地域差

		N*	%	年齢 不詳率(%)	配偶 不詳率(%)	労働 不詳率(%)	学歴 不詳率(%)	前住 不詳率(%)
マクロ 都市化度	地方圏	113,554	62.9	0.6	1.0	3.1	8.5	3.5
	名古屋圏	20,692	11.5	0.7	1.3	3.9	11.7	4.8
	大阪圏	25,597	14.2	0.9	2.3	7.3	16.4	8.2
	東京圏	20,753	11.5	1.0	3.3	9.7	20.0	11.7
メソ 都市化度	郡部	27,099	15.0	0.2	0.5	1.3	4.2	1.4
	20万人未満	84,468	46.8	0.4	1.0	3.2	8.5	3.6
	20–50万人未満	32,447	18.0	0.9	1.7	5.7	13.8	6.0
	50万人以上	36,582	20.3	1.3	3.5	9.9	21.0	12.1
ミクロ 都市化度	200人/km² 未満	32,727	18.1	0.1	0.4	1.0	4.3	0.7
	200–2,000人/km² 未満	47,534	26.3	0.3	0.8	2.3	7.3	2.3
	2,000–5,000人/km² 未満	35,453	19.6	0.7	1.2	3.9	9.9	4.4
	5,000人/km² 以上	64,882	35.9	1.1	2.8	8.3	17.8	9.9

* 秘匿・合算および人口50未満の地区を除く町丁・字等。各不詳率計算における地区数はそれぞれの分母の値が50未満の場合を除くため若干異なる。

に過ぎない可能性がある。そこで図 3-1 には，これらを三重クロス集計したうえで，項目別にグラフ化した不詳率を示した。集計カテゴリを細分化したことによって多少のばらつきがあるものの，全体としてグラフの左端（地方圏・郡部・200 人/km² 未満）から右端（東京圏・50 万人以上・5,000 人/km² 以上）にかけて，不詳率が段階的に高くなる様子が確認できる。すなわち，三つの都市化度はそれぞれが不詳率の高さと結び付いており，他のスケールにおける都市化度が同じであれば，当該スケールの都市化度が高いほど不詳率が高くなる傾向が窺える。

この結果は，回収率の規定要因に関する知見の一つとして考えると興味深い。従来，都市化度の高さと未回収の増加の関連性は繰り返し報告されてきたものの，都市化度は単一の空間スケールによって定義されており，マルチスケールでこの現象を確認すること自体が，これまでにはなされてこなかったからである。これは，対象者数が数千程度の全国調査や，対象地域が限られた標本調査では観察困難なものであり，国勢調査によって初めて十分な規模で示しえた結果といえるだろう。この結果はさらに，「不詳」や未回収の要因もマルチスケールにまたがるものであることを意味しており，これまで漠然とオートロックマンションの多さやプライバシー意識の高さで説明されてきた都市化の度合いの効果を，より多面的に検討する必要性を示唆する。

それと同時に，地域分析の観点からすると，都市化度という基礎的な地域特性と不詳率との相関は，何らかの現象の地理的分布や現象間の関連性を歪めて観察してしまう危険性を孕んでいる。たとえば阿部（2013）が指摘したように，配偶関係の

第3章 小地域でみる国勢調査「不詳」の分布　55

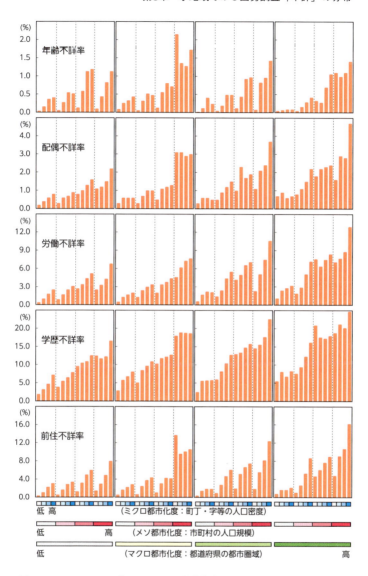

図 3-1　マクロ・メソ・ミクロレベルの都市化度の組み合わせによる不詳率の分布

注：各都市化度指標のカテゴリはそれぞれ，ミクロ都市化度（低いほうから，200人/km²未満／200-2,000人/km²未満／2,000-5,000人/km²未満／5,000人/km²以上），メソ都市化度（低いほうから，郡部／20万人未満の市／20-50万人未満の市／50万人以上の市），マクロ都市化度（低いほうから，地方圏／名古屋圏／大阪圏／東京圏）である。

不詳者における未婚率が非不詳者のそれよりも高いと推定されるならば，不詳率の高い都市部では相対的に未婚率が低く推計されることになる。もし未婚率そのものに地域差が無いとしても，「不詳」を除いて非不詳者のみで計算した結果からは，農村部の未婚率が都市部よりも高いという疑似的な地域差が観察されうる。これは単純な例であり，都市部ほど未婚者が「不詳」になりやすく農村部ではそうならないといった，より複雑な「不詳」発生の文脈的効果もありうる。「不詳」増加の問題が，単なる有効回答数の減少や標本誤差の拡大にとどまらず，地理学的な推論上の過誤に結び付きかねない点が懸念される。

■3-3 市区町村単位のまとまり

続いて，図3-2（学歴）および図3-3（年齢）には，町丁・字等を単位とした不詳率の分布を地図上に視覚化して示した[14]。都市化度による明瞭な地域差は確認されたものの，「不詳」の発生にはそれ以外の地理的パターンもみられるかもしれない。そこで先に述べたとおり，ここではとくに「不詳」の発生に影響を及ぼす可能性がある市区町村に注目して，自治体間の境界線を地図上に表示した。なおここでは，不詳率がとくに高い三大都市圏を中心とした地域についてのみ地図を示している。

地図をみると，学歴については都心部に近いほど不詳率が高くなる傾向がはっきりと確認できる。これは先に見た図3-1の傾向が，空間的パターンとしてそのまま反映されているものと理解される。ただし，ここでより注目されるのは，自治体，とりわけ市区町村の境界で不詳率が大きく異なる分布パターンであろう。不詳率は町丁・字等単位で滑らかに変化するというよりも，市区町村界を超えるところで明瞭な変化が生じている場合が多くみられる。年齢については全国的に不詳率が低く，都市化度との関連も空間的パターンとしては見えづらい。その一方，市区町村単位で不詳率が大きく異なる様子はむしろ強調され，相対的に見えやすくなっている。

このような市区町村を単位とした不詳率のばらつきには，いくつかの説明が考えられる。たとえば，統計的社会調査では若年・男性の回収率が一般に低いとされるが（崔田 2008；保田 2008），もし同じことが国勢調査についてもいえるのであれば，このような属性の住民が多い自治体では不詳率が高くなるはずである。したがって，

[14) 紙幅の都合上，配偶・労働・前住不詳率を描いた地図については省略した。これらの空間的分布パターンは，後述する学歴不詳率のそれとかなり類似したものである。

第3章　小地域でみる国勢調査「不詳」の分布　　57

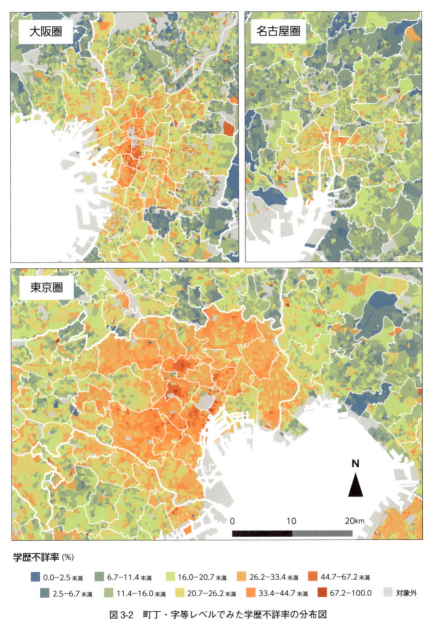

図 3-2　町丁・字等レベルでみた学歴不詳率の分布図

注：学歴不詳率＝学歴不詳数／15歳以上の卒業者×100として算出。階級区分は自然分類（Jenks）による。

58　第Ⅰ部　従来型調査の諸問題

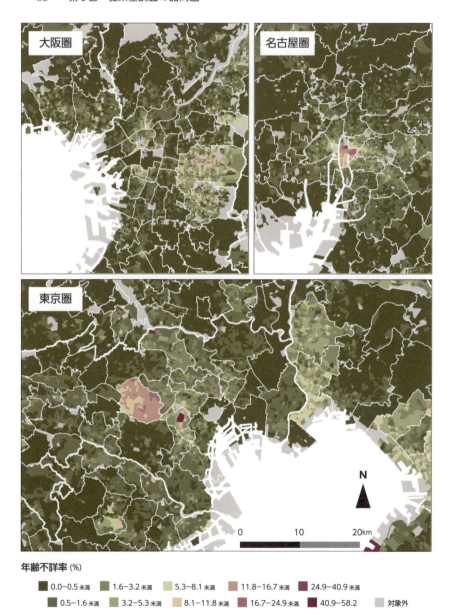

年齢不詳率 (%)

■ 0.0–0.5未満　■ 1.6–3.2未満　■ 5.3–8.1未満　■ 11.8–16.7未満　■ 24.9–40.9未満
■ 0.5–1.6未満　■ 3.2–5.3未満　■ 8.1–11.8未満　■ 16.7–24.9未満　■ 40.9–58.2　　□ 対象外

図3-3　町丁・字等レベルでみた年齢不詳率の分布図
注：年齢不詳率＝年齢不詳数／総人口×100として算出。階級区分は自然分類（Jenks）による。

若年層に対する就労支援や子育て支援，就学環境，あるいは産業構造などが自治体間で大きく異なる場合，移住を通じて不詳率の異なる人口集団が自治体間で住み分かれていくということは，理論上起こりうる。

しかしながら，地図に浮かび上がる非連続的な不詳率の差がすべてこの住民構成だけで説明できるとは考えにくい。それ以上に，自治体間で生じうる各種の調査実務における違いが，不詳率の差に反映されていると考えるほうが妥当であろう。先に述べたように，市区町村は調査員の選考・配置・指導や，記入済み調査書類の審査，また未記入項目に対する補記などの実務を担う。これらの調査実務におけるリソースやノウハウの蓄積は自治体間で同じであることが理想的ではあるものの，現実にはさまざまな違いが存在するものと考えられる。

一例を挙げると，調査員の選考や配置方法が，調査対象者との関係を通じて不詳発生に影響している可能性がある。社会調査の先行研究において，たとえば松岡・前田（2015）は，調査員経験が長いと対象者との接触不能や回答拒否が減る傾向にあるという分析結果を報告している。しかし，調査対象者が多くなるほど経験や訓練度の乏しい調査員も増やさざるを得なくなることから，とくに大規模な国勢調査では実地調査の管理が相対的に困難であった可能性が指摘されている（山田 2011）。すなわち，経験のある調査員が確保できたかどうかという点で自治体間に差が生まれ，それが市区町村によって大きく異なる不詳率の分布に寄与した可能性が考えられる。

さらに，国勢調査の場合は調査員が居住地の近くを担当するケースも多いため，「顔見知り」であるかどうかも「不詳」発生に関連しうる。この顔見知りの効果に関しては，「都市では調査員として近所の主婦などの「顔見知りの人」は忌避される傾向が強く，「調査員によって個人の秘密を周囲に言いふらされた」などの苦情も発生しやすい。農村では，そもそも住民同士が，お互いの生活の隅々まで知り合っているという状況があるので，調査員としては「顔見知りの人」が好まれ，よそ者は忌避される傾向がある」（佐藤 2015：165）という指摘がある。この指摘が妥当であるならば，調査員の配置の仕方によっても「不詳」の地域差が生じる可能性があるということになる。

このように，調査員の経験，準備状況，対象者との面識の有無といった条件が，市区町村を単位として異なり，それが結果として「不詳」発生の地理的分布に影響しているという説明は十分に考えられよう。2010 年調査で実施された郵送回収や調査票の封入が記入漏れや誤記を増加させたことで，自治体による点検・照会・補

完業務も多くなり，それがさらに自治体間の差に影響した可能性も否定できない。したがって 2010 年国勢調査のデータは，不詳率の高さおよび都市化の度合いとの関連に加えて，調査実務の主体である自治体（市区町村）を単位とした系統的な調査誤差を含む可能性がある点にも留意する必要があるだろう[15]。

■3-4 マルチレベル分析による検討

さらに，小地域における「不詳」発生のマルチレベル分析をおこなうことで，ここまでの集計・地図化によって観察された，マルチスケールでの都市化度との相関および市区町村単位のばらつきを同時に考慮し，それぞれの独立した関連性を確認しておきたい。

マルチレベルモデルは，「個人と集団」や「小地域と大地域」のような階層性をもつデータの分析のために，通常の回帰分析と異なり誤差項を複数の階層レベル別に仮定する。すなわち，このモデルでは，共変量を調整した上で階層別の誤差項の分散が推定される。もし上位の階層において有意に 0 でない誤差分散が推定されるのであれば，上位の階層であるグループ内において偶然とは言い難い標本間（上記の例では，個人間や小地域間）の類似性（クラスター化）が生じていると判断できる。今回の「不詳」発生のモデルの場合，共変量である複数の都市化度が小地域の「不詳」発生に関連する度合いを調整した上で，それら都市化度の系統的な影響を考慮してもなお，上位の地域階層である市区町村内において「不詳」発生の地理的なまとまり（逆にいえば，市区町村間にみられる不詳率の大きな差異）が偶然とは言い難い程度に存在するのかどうかを，統計学的に検討することになる。

表 3-3 は，町丁・字等における不詳数を従属変数，マクロ・メソ・ミクロ都市化度を独立変数，不詳率の分母となる対象人口をオフセット項に指定し，市区町村をグループ変数とした，マルチレベル・負二項回帰モデルの分析結果を示したものである[16]。

都市化度について示された数値は，「不詳」の発生率比（IRR：Incidence Rate Ratio）とその標準誤差（SE）であり，各スケールの都市化度が最も低いグループを

---

15) 極端な例としては，市制施行のために補記制度を悪用して人口の水増しを図った事件があった。これは明らかに問題のある事例であったものの，そうでなくとも，調査員による訪問頻度・時間帯や近隣住民への聞き取りなどにどこまで工夫や努力を重ねるのかは，調査実務の主体となる自治体の取り組みによって変わりうることを示唆している。

表 3-3　町丁・字等の「不詳」発生に関するマルチレベル・負二項回帰モデルの推定結果

		年齢不詳	配偶不詳	労働不詳	学歴不詳	前住不詳
マクロ都市化度	地方圏	Ref.	Ref.	Ref.	Ref.	Ref.
	名古屋圏	2.50 (0.41)***	1.49 (0.13)***	2.01 (0.21)***	2.09 (0.21)***	1.84 (0.16)***
	大阪圏	1.17 (0.17)	2.14 (0.17)***	2.72 (0.26)***	2.19 (0.20)***	2.04 (0.16)***
	東京圏	1.00 (0.13)	2.67 (0.19)***	3.55 (0.31)***	2.90 (0.24)***	2.37 (0.17)***
メソ都市化度	郡部	Ref.	Ref.	Ref.	Ref.	Ref.
	20万人未満	3.85 (0.39)***	1.90 (0.10)***	3.56 (0.22)***	2.71 (0.16)***	2.51 (0.13)***
	20–50万人未満	15.21 (3.18)***	4.46 (0.51)***	8.22 (1.13)***	6.15 (0.81)***	5.83 (0.67)***
	50万人以上	15.69 (2.39)***	6.36 (0.52)***	10.28 (1.01)***	7.98 (0.75)***	8.62 (0.71)***
ミクロ都市化度	200人/km² 未満	Ref.	Ref.	Ref.	Ref.	Ref.
	200–2,000人/km² 未満	4.14 (0.10)***	1.45 (0.02)***	1.54 (0.01)***	1.29 (0.01)***	2.40 (0.03)***
	2,000–5,000人/km² 未満	7.52 (0.18)***	1.75 (0.02)***	2.07 (0.02)***	1.43 (0.01)***	3.60 (0.04)***
	5,000人/km² 以上	7.23 (0.17)***	1.67 (0.02)***	2.09 (0.02)***	1.40 (0.01)***	3.57 (0.04)***
定数		0.00 (0.00)***	0.00 (0.00)***	0.00 (0.00)***	0.01 (0.00)***	0.00 (0.00)***
市区町村レベル分散		3.07 (0.14)***	0.93 (0.04)***	1.38 (0.05)***	1.27 (0.04)***	0.95 (0.04)***
町丁・字等数		180,596	177,996	177,996	176,534	180,596
市区町村数		1,900	1,900	1,900	1,900	1,900

***: $p < 0.001$
注：表中の数値は発生率比（IRR）とその標準誤差（SE）を表す。「Ref.」は参照カテゴリを意味する。

参照カテゴリとした場合に，それと比べて他のカテゴリでどの程度「不詳」が発生しやすいのかを表している。年齢不詳の発生に対するマクロ都市化度（大阪圏・東京圏）を除くと，すべての都市化度が5項目の「不詳」発生に対して有意な関連性を示した。また「不詳」の発生率比の値は概ね，各スケールの都市化度が高くなるほど大きくなっており，段階的に「不詳」が増加する傾向が確認できる。発生率比がとくに大きいのはメソ都市化度であり，年齢や労働に関しては，人口50万以上の市町村の居住者は郡部に比べて10倍以上「不詳」発生が生じやすい傾向にあることがわかる。これに対して，全体の不詳率が高い学歴については，発生率比でみると

---

16) 本研究の分析枠組みからすると，ここでは都道府県を上位のグループ変数とした3レベルのマルチレベル分析が望ましい。しかし，本研究で使用した分析環境では計算が収束しなかったため，ここでは本章の主たる関心である市区町村のみをグループ変数とする2レベルの分析結果を示した。補足的に，一都三県のみを対象として都県をダミー変数として投入した分析をおこなったが，以下に述べるような都市化度との関連および有意な市区町村レベル分散は同様に確認された。

都市化度による違いが相対的には大きくない。

そして，マルチスケールで都市化度の効果を調整したうえでもなお，有意な市区町村レベル分散がすべての項目について残されている。このことは，地図によって視覚的に確認した市区町村界での不詳率の大きな差異が，都市化度の違いのみからでは説明できず，何らかの未知の変動要因によって生じていることを意味する。もちろん，都市化度以外の一般的要因にみられる空間的自己相関がここでの有意な地域間分散につながっている可能性はあるものの，地図化の結果や調査実務における重要性を考慮すると，市区町村という単位が「不詳」発生において大きな意味をもっていると考えることが妥当であろう。結果として，小地域レベルで得られた観測データは必ずしも互いに独立しておらず，上位の空間スケールでクラスター化したデータであると考えることができる。

4 地域分析への影響と対処法

■4-1 「不詳」の地域分析への影響

ここまでに確認したように，不詳率の高さに地域差があり，都市化度との相関や市区町村単位のクラスター化が生じているとすると，国勢調査に基づいて観察された何らかの事象の地域差や事象間の関連性は疑似的なものである可能性が完全には否定できなくなる。たとえば，しばしば用いられている「不詳を除く」という手順によって計算された未婚率や失業率，高齢化率といった指標の地理的分布は，当該カテゴリ（未婚や失業，高齢者）における不詳率がそれ以外と等しくなければ，不詳率の地域差と連動して何らかの疑似的な地域差を生み出し，結果的に「真の地域差」とのずれをもたらすことになる。もちろん，未婚者・失業者・高齢者数といった実数の推計についても同様のことがいえる。

実際に，阿部（2013）は未婚率を例として，配偶関係不詳人口の未婚率が非不詳人口の未婚率よりも高いと予想されることから，不詳人口の増加が未婚率の過少推計につながっている点を指摘している。さらに佐野ほか（2015）は，「学歴不詳問題」に対して，2000年と2010年国勢調査の同一コホートにおける学歴分布の推移，および，『労働力調査』から得られる学歴分布の情報をもとに，どの学歴で「不詳」が発生しやすいのかを推計した。その結果，「高専短大」「大学大学院」に比べて「小中高」のグループで不詳確率が際立って高く，「不詳」が低学歴層で発生する可能性が高いこと，それゆえ「学歴不詳者」を集計から外すことでバイアスが生じる可能

性があることを指摘している。

　ただし，不詳人口に上述のような属性の偏りがあったとしても，不詳率そのものが十分に低ければ各種分析に対する影響は小さくなる。それゆえ，従来の国勢調査でこの点はそれほど大きな問題とされてこなかった。あるいは，不詳率そのものは高いとしても，そこに地域差が伴わなければ地域分析への影響は相対的に小さいとみなしうるため，地理学にとって大きな懸念材料とはならないかもしれない。しかし実際に，国勢調査の不詳率は急速に高まっており，しかも都市部ではそれが顕著に高いという地域差を伴っている。したがって，都市部で小地域集計データを用いた地域分析を実施する場合などは，とくに「不詳」による調査誤差が分析結果に与える影響に留意する必要があるといえるだろう。

　無論，地域分析への影響がどの程度であるのかについてはケースバイケースであり，直ちに深刻な結果をもたらすとまではいえない。一般的な世論調査や社会調査の未回収・未回答率に比べると，国勢調査の不詳率は未だ極めて低い水準にあり，その資料的価値の高さに疑いの余地はない。詳細な地域分析に耐えうるデータとしての有用性は，現在においても国勢調査に比肩するものは無いといえるだろう。そもそも社会調査において完全に調査誤差を無くすことは困難であり，その意味で不完全なデータの中からでも意味のある分析結果を導き出すことは，統計データを利用する社会科学全般に課せられた共通の課題といえるかもしれない。

■ 4-2　「不詳」問題への対処法

　その一方で，調査誤差の無い社会調査が不可能であるとしても，低回収率や「不詳」の増加に関心を払わず，この問題を放置してよいということにはならない。地域分析における国勢調査データの有用性を維持するためにも，どのような対処法がありうるのかを検討し，分析あるいは次の調査に生かしていくことが重要になる。この点について阿部（2013）は，「不詳」を考慮した地域分析の進め方として，①「不詳」を除いた人口を分母とすることによる影響（たとえば未婚率の過少推計）に対して十分留意する，②他地域と比較して異常に「不詳」が多い場合にはその地域のデータを削除して全体の傾向を分析する，③他の統計調査によって補完する（労働力状態の場合の「労働力調査」など）という三点を提示した。

　ここで①において指摘されているように，この問題に対する最も基本的な取り組みは，「不詳」が地域分析の結果に対して与える影響に十分留意するというものであろう。それは，標本調査の場合と同じように，国勢調査を利用した分析においても

各種の非標本誤差の可能性を慎重に検討する必要があることを意味する。統計分析の結果として何らかの傾向や特徴が観察されたとしても、それが「不詳」によって疑似的に生じたものであるかどうかを、たとえ分析的に検証することは困難であったとしても、常に可能性の一つとして考察しておく姿勢が求められる。他方で、②については、「不詳」がすでに特定地域のみではなく広く発生していることから、特定の町丁・字等や市区町村のみを外れ値とみなすことが必ずしも容易ではないこと、また③については阿部（2013）自身も述べるように、国勢調査以外が標本調査である以上、人口規模が小さい地域の場合には補完が困難であるという課題がある。

そこで、「不詳」の影響に留意する場合、どのような層で「不詳」が生じやすいのかを知っておくことが重要になる。当然のことながら、不詳人口の属性は「不詳」であるがゆえにそのままでは把握できない。しかし、間接的な情報から傾向を探る方法はいくつか考えられる。一例として、上述の佐野ほか（2015）が用いたような、「不詳」が相対的に少ない統計との比較を通じてその発生傾向を把握するという方法がある。また、同じ国勢調査の中で複数の「不詳」人口をクロス集計するだけでも、いくつかの特徴をつかむことはできる。たとえば、全国の学歴不詳率は13.1%であるが、この値を配偶関係別にみると、有配偶の10.1%に対して未婚では15.2%になる。これは、阿部（2013）が指摘する未婚率の過少推計を示唆する間接的な情報になる。もちろんこれは、未婚者の「学歴」不詳率が高いのであって、「配偶」不詳率を示したものではない。しかし、ある項目が「不詳」である場合、他の項目も「不詳」になりやすい傾向は明らかであり、一つの手掛かりとして参照する意味はあると考えられる。

また、独自の統計的社会調査を通じて、国勢調査における未回収や未回答の発生傾向を探るという方向性も考えうる。これは、国勢調査の実施時期に合わせて別途調査をおこない、国勢調査の回答状況とともに各種の意識・属性を調べることで、どのような対象者が「不詳」人口になりやすいのかを把握するというものである。当然、国勢調査と同様の手法では未回収・未回答の人の情報を得ることは難しいため、それとは別のアプローチ（たとえば電話調査や登録モニターに対するインターネット調査など）を取ることで、国勢調査の方法では調査に回答しなかった人々の意識や属性を把握できる可能性が高まる。対象者との接触方法や回収方法が異なるさまざまな調査手法を併用することで、「不詳」発生の傾向を多角的に探っていくことが必要であろう。さらに、調査員に対しても別途調査をおこない、「不詳」発生に至る経緯や要因を明らかにしていくことで、将来的な調査業務に対する示唆を導くこ

とも求められる。

　加えて，「不詳」人口における回答を統計的手法により補完するアプローチも考えられる。国勢調査の個票データを利用することができる場合には，項目ごとの「不詳」（欠損値）を多重代入法などの欠損値補完手法（星野・岡田 2016）で処理して分析することが有効な場合もあるかもしれない。ただし，現在提供されている個票データは匿名化処理されており，小地域レベルの識別情報は利用できないため，そのままでは詳細な地域分析への利用可能性は高くないと思われる。そこで空間的マイクロシミュレーション（花岡 2012）を利用して，地理情報をもつ疑似的なミクロデータを生成し，それをもとに欠損値補完したデータを任意のスケールで集計するという方法も考えられる。このような補完手法の精度については別途議論が必要になるものの，いずれにしても，多様な調査・分析手法の検討を通じて「不詳」問題に関する基礎研究を展開していく必要がある。

5　「不詳」問題のモニタリングと今後の課題

　「国勢調査」という名称が物語るように，この調査は単なる大規模調査を超えた国家的事業として継続してきた歴史をもつ。しかし近年は，社会調査環境の変化による「不詳」の増加が懸念されており，統計データとしては，その発生に系統的な誤差が含まれる点が大きな問題となる。地理学にとっては，「不詳」発生に地理的パターンが存在することが，地域分析上の困難をもたらしかねない。近年は，都市化の度合いをはじめとする各種の地域特性と，社会調査への回収率（接触や協力獲得の可能性）との関連が，個票データを用いたマルチレベル分析から明らかにされてきた（埴淵ほか 2012a ☞第1章, 松岡・前田 2015, Matsuoka and Maeda 2015）。このような系統的な調査誤差は，その程度が大きくなれば疑似的な地域差や地域分析上の過誤に結び付きやすくなるため，回収率低下が進む近年の社会調査において留意すべき重要な問題になりつつある。

　本章の分析結果は，「不詳」の地理的分布における都市化度との相関や市区町村単位のクラスターの存在を示しており，悉皆調査である国勢調査においてもこの問題が不可避であることを示唆している[17]。とくに，都市部において不詳率の高い項目を用いた小地域分析を実施する際には，「不詳」の存在が結果に与える影響に留意して解釈するとともに，今後の取り組みとして，「不詳」発生の要因を探るための独自の統計的社会調査の実施や，系統的な誤差を考慮した統計手法の利用，「不詳」を

含むデータの補完方法についての基礎研究を進めていく必要があるだろう。

　なお，本章は2010年国勢調査を対象にしたものであるが，2015年調査において不詳率はさらに上昇している（山田 2016）。加えて，インターネット回答を全国的に導入したことが，「不詳」発生のパターンを前回調査とは異なるものにしている可能性もある。インターネット回答の仕組み上，部分的な未回答は困難であるため，特定の項目に限った「不詳」は発生しづらくなるはずだからである。また，一般的なインターネット調査においては，訪問や郵送法とは逆に都市部の回答が多くなりやすいことも指摘されており（埴淵ほか 2015 ☞第7章），回答方式の選択にも地域差が生じるであろう。「不詳」の増加や発生パターンの変化は，国勢調査の大きな利点であった時系列比較や詳細な地域分析を一層困難なものにする可能性がある。地理学においても，この問題に注目し続けるとともに，これに対処するための調査・分析法を検討していくことが求められる。

---

17) このような国勢調査の信頼性に関わる問題は，日本だけにとどまらない。たとえば大石（2015）は，カナダの2011年国勢調査における詳細調査票の廃止と，回答義務の無い全国世帯調査の導入の経緯を紹介し，標本の偏りを含むデータの質の低下と，時系列比較の不可能性を指摘している。

第4章
個人情報保護と新たなデータ収集法

村中亮夫・埴淵知哉・竹森雅泰

本章の問い

◎個人情報保護は社会調査にどう影響するのか？
◎関連する法制度や倫理規定はどのように整備されてきたのか？
◎新たなデータ収集法としてどのような選択肢があるのか？

　近年，社会調査における個人情報の保護に対する関心が高まっている。本章では，日本における近年の社会調査環境の変化によってもたらされた個人情報保護の課題と新たなデータ収集法について解説することを目的とする。具体的には，①社会調査データを収集・管理するにあたって考慮すべき住民基本台帳法や公職選挙法のような法制度の変化や調査倫理，②個人情報そのものを取り扱うことなく調査データを収集できるインターネット調査や公開データの二次分析のような，新たなデータ収集の仕組みについて検討した。

1　社会調査と個人情報保護

　本書でも繰り返し述べてきたように，近年，政府の世論調査をはじめとする社会調査の回収率が低下している（保田ほか 2008）。この背景には，調査対象者との接触が難しい集合住宅の増加と同時に，2005年の「個人情報の保護に関する法律（以下，個人情報保護法）」の施行や，政府・自治体が実施する社会調査の調査員をかたる偽調査員による調査票・現金の搾取事件の発生を原因とする，人々の社会調査に対する警戒感の高まりがある[1]。その結果，国勢調査における訪問面接調査には限界があるとの指摘や[2]，日本の社会調査は終焉したとの声（鈴木 2007）さえも聞かれるようになった。とくに，このように社会調査環境が変化する中，政府・自治体・民

間が実施する世論調査においては，従来型の訪問面接調査の地位が相対的に低下している（林 2010）。

このような変化の一方で，2000 年前後からは，インターネットの普及率の高まりとその利用人口の増加に伴い，マーケティングを中心に電子メールやウェブサイトを活用したインターネット調査の市場規模が拡大してきた（長崎 2008）。また，国勢調査をはじめとする公的統計の匿名化個票データの提供や，大規模な社会調査データのアーカイブと公開が進んだことで，個票データの二次的な利用機会も徐々に増えてきた。調査環境の大きな変化を経て，社会調査データの収集および管理は新しい段階を迎えつつあるといえよう。

本章では，個人情報の保護に社会的な関心が集まり社会調査環境が変化する中で，①社会調査で配慮すべき法制度の変化および調査倫理と，とりわけ社会調査データの収集時においてこれまで必要不可欠だった標本抽出台帳をめぐる概況，②必ずしも個人情報の利用を伴わない新たなデータ収集法と考えられるインターネット調査，および，社会調査の公開データの活用可能性について紹介・解説することを目的とする。これらの問題は，ともすれば個人情報の一部にもなり得る地理的属性（たとえば居住地，通勤通学先）に関心をもつ地理学者にとって，留意しておくべき重要な事項である。なお，本章で参照した個人情報保護法，住民基本台帳法，公職選挙法については，初出文献（村中ほか 2014）の執筆時から変更されている点があるため，条文の番号・内容ともに，本章執筆時点の情報に更新している。

2 法制度・倫理規定の整備と社会調査への影響

■ 2-1 個人情報の保護に関する法制度と学会・大学の倫理規定

2005 年の個人情報保護法の施行以降，社会調査の実施環境が悪化してきたとされるが，大学や研究者が学術研究目的で個人情報を利用する場合には，憲法 23 条によって基本的人権として保障されている学問の自由に配慮して，個人情報保護法第

---

1) ①「国勢調査員装い 1 万円など詐取 横浜・神奈川区と鶴見区」朝日新聞 2005 年 10 月 10 日（朝刊，37 頁），②「国の世論調査，回収がた落ち 軒並み 10 ポイント超低下 個人情報保護法ひびく」朝日新聞 2006 年 5 月 24 日（朝刊，4 頁）。
2) ①「国勢調査員もう限界？ 回収難航「個人情報だ！」「あなた本物？」」読売新聞 2005 年 10 月 11 日（西部夕刊，11 頁），②「国勢調査「もう限界」？ 「塩まかれた」調査員のなり手減少」朝日新聞 2005 年 10 月 16 日（朝刊，33 頁）。

資料 4-1　個人情報の保護に関する法律 76 条

第六章　雑則

（適用除外）
第七十六条　個人情報取扱事業者等のうち次の各号に掲げる者については，その個人情報等を取り扱う目的の全部又は一部がそれぞれ当該各号に規定する目的であるときは，第四章の規定は，適用しない。
　一　放送機関，新聞社，通信社その他の報道機関（報道を業として行う個人を含む。）　報道の用に供する目的
　二　著述を業として行う者　著述の用に供する目的
　三　大学その他の学術研究を目的とする機関若しくは団体又はそれらに属する者　学術研究の用に供する目的
　四　宗教団体　宗教活動（これに付随する活動を含む。）の用に供する目的
　五　政治団体　政治活動（これに付随する活動を含む。）の用に供する目的
2　前項第一号に規定する「報道」とは，不特定かつ多数の者に対して客観的事実を事実として知らせること（これに基づいて意見又は見解を述べることを含む。）をいう。
3　第一項各号に掲げる個人情報取扱事業者等は，個人データ又は匿名加工情報の安全管理のために必要かつ適切な措置，個人情報等の取扱いに関する苦情の処理その他の個人情報等の適正な取扱いを確保するために必要な措置を自ら講じ，かつ，当該措置の内容を公表するよう努めなければならない。

電子政府の総合窓口イーガブ〈http://www.e-gov.go.jp/〉（最終閲覧日：2017 年 11 月 11 日））

　4 章の規定，すなわち同法 15 条〜58 条に定める「個人情報取扱事業者の義務等」の規定は適用されない（個人情報保護法 76 条 1 項 3 号）（資料 4-1）。したがって，この間の調査環境の悪化は，個人情報保護法による直接的な制約というよりは，むしろ社会調査に対する不信感の高まりや個人情報保護法の詳しい内容の周知不足によるところが大きい。2005 年に NHK によって実施された世論調査では，調査の協力に対する依頼状の発送の後，標本抽出の際に「住民基本台帳を見ても良いのか」「世論調査の内容は個人情報保護法に抵触しないのか」といった問合せが寄せられたという（小野寺 2007）。

　この問題に対して，まずは個人情報保護をはじめとする調査倫理や調査を取り巻く環境の変化に関する研究者の理解が求められる。さらに，調査対象者に対しては，学術研究を目的とした社会調査が個人情報保護法の「個人情報取扱事業者の義務等」の制約を受けない旨と同時に，社会調査の目的や調査結果の社会的意義，標本抽出方法の合法性，個人情報の管理方法などを，わかりやすく伝える必要がある。とりわけ個人情報の管理については，社会調査により収集したデータの適切な管理を通して，社会的な信頼を維持・向上させる地道な取り組みが最重要課題である。この点に関しては，個人情報保護法 76 条 3 項において，大学や研究者についても，「個人データ又は匿名加工情報の安全管理のために必要かつ適切な措置，個人情報等の取扱いに関する苦情の処理その他の個人情報等の適正な取扱いを確保するために必要な措置を自ら講じ，かつ，当該措置の内容を公表するよう努めなければな

資料 4-2 社会調査協会倫理規程（8 条～9 条）

第 8 条　会員は，記録機材を用いる場合には，原則として調査対象者に調査の前または後に，調査の目的および記録機材を使用することを知らせなければならない。調査対象者から要請があった場合には，当該部分の記録を破棄または削除しなければならない。
第 9 条　会員は，調査記録を安全に管理しなければならない。とくに調査票原票・標本リスト・記録媒体は厳重に管理しなければならない。

社会調査協会ウェブサイト〈http://jasr.or.jp/jasr/documents/rinrikitei.pdf（最終閲覧日：2017 年 11 月 11 日）〉

資料 4-3　人文地理学会倫理綱領（5 条）

（被害の防止）
第 5 条　調査・研究の対象となった地域，団体，個人の生存，財産，安全などを脅かしてはならない。調査で得られたデータは厳重に管理し，みだりに情報を開示してはならない。

人文地理学会ウェブサイト〈http://hgsj.org/about/rinri/（最終閲覧日：2014 年 6 月 6 日）〉

らない」とされている（資料 4-1）。

　このような努力義務規定を受けて，調査研究で社会調査に携わる者を主要な構成員とする一般社団法人社会調査協会（以下，社会調査協会；旧，社会調査士資格認定機構）は，2009 年 5 月 16 日に「社会調査協会倫理規程」を制定・施行した。そこでは，協会の会員が社会調査に携わる際に順守すべき規程が定められ，調査を通して得られたデータの管理に関しても適正な管理が求められている（社会調査協会倫理規程 8 条～9 条）（資料 4-2）。また，2011 年 11 月 12 日には，人文地理学会が「人文地理学会倫理綱領」を制定・施行した。そこでも収集されたデータの適正な管理に関する記載がなされ（人文地理学会倫理綱領 5 条）（資料 4-3），人文地理学会の会員は入手したデータに対する厳重な管理を求められることとなった。

　以上のような倫理規定の制定・施行とともに，2003 年度に開始された社会調査協会の社会調査士制度や，2010 年度に開始された公益社団法人日本地理学会（以下，日本地理学会）の地域調査士制度など，社会調査に関わる学協会では，それぞれの専門的な学問領域を基盤とした調査者育成の仕組みが創られた。これらの制度では，学部／大学院教育における所定の単位を取得することで，社会調査士／専門社会調査士ないしは，地域調査士／専門地域調査士の資格が得られる。資格取得の過程では，それぞれ調査倫理ないしは，個人情報保護について学ぶ機会が用意されている。また，学協会だけでなく各大学で制定された研究倫理に関する規定の遵守や，近年では，文部科学省科学研究費補助事業への申請時に個人情報の取り扱いに関する記述が求められる（「人権の保護及び法令等の遵守への対応」欄）など，個人情報保護をはじめとする研究倫理の問題に取り組む必要性が高まっている。

　以上のような各学協会・大学が定める倫理規定には，現状では厳格な罰則規定

は見受けられない。しかし，生物医学系の学術雑誌では，倫理審査を通過した研究でなければ原則として論文を受け付けないところもあり，倫理審査が事実上の義務となりつつある。社会調査と生物医学系の研究とを同列に議論することは難しいものの，実際に，社会調査についても倫理審査の適用をめぐって議論がなされている（田代 2014）。いずれにしても，社会調査の社会的な信頼を維持・向上させるためには，地理学を含む社会科学分野においても調査倫理に関する議論と，研究者の高い倫理感の醸成を図る体系的な調査教育が必要となろう。

■2-2　住民基本台帳と選挙人名簿の閲覧

　以上，前項では，社会調査を取り巻く環境の全体的な変化と，個人情報保護をめぐる学協会の対応をみた。ここでは，社会調査の過程で最も重要な作業といっても過言ではない標本抽出作業に着目し，その際，しばしば標本抽出台帳として使われてきた「住民基本台帳の一部の写し（以下，住民基本台帳）」および「選挙人名簿抄本（以下，選挙人名簿）」の利用が個人情報保護をめぐる法制度の変化によりどのような影響を受けたのかについて検討する。

　社会調査は調査対象を母集団全体とするか否かによって悉皆(しっかい)調査（全数調査）と標本調査に分けられるが，量的分析を意図した多くの社会調査では母集団の規模が大きくなることからしばしば標本調査が用いられる。そこでは，標本を抽出する枠となる標本抽出台帳を用いて，母集団からその縮図となる標本が抽出される。社会調査では世帯主または20歳以上の成人を調査対象者とすることが多いことから，これまで標本抽出台帳としては住民基本台帳ないしは選挙人名簿から閲覧用に出力されたものが利用されてきた（森岡 2007：122-128）。

　しかし，個人情報保護法の施行や営利目的での住民基本台帳の閲覧に対する社会的批判の高まり，名古屋市における住民基本台帳閲覧者による少女暴行事件の発生[3]を受けて，2006年に住民基本台帳法および公職選挙法が改正され，住民基本台帳／

---

3) ①「住民基本台帳で襲う少女物色？ 31歳，強制わいせつ容疑で再逮捕」読売新聞 2005年3月10日（東京朝刊，39頁），②「住民基本台帳閲覧の本人確認 名古屋市が前倒しで始める 強制わいせつ事件受け」読売新聞 2005年3月11日（中部朝刊，32頁），③「「自由な閲覧」疑問も根強く 住民台帳，少女暴行容疑者が悪用」朝日新聞 2005年3月22日（夕刊，11頁），④「住基台帳の閲覧制限へ 国や自治体に限定 総務省，改正案提出へ」朝日新聞 2005年9月22日（朝刊，3頁），⑤「住基台帳：公開，公益性高いものに限定—改正法成立」毎日新聞 2006年6月10日（東京朝刊，2頁）。

選挙人名簿の閲覧が大きく制限されることとなった（福浦 2006；湯淺 2007；長谷川 2008）。

　まず，住民基本台帳の閲覧については，改正前住民基本台帳法 11 条において何人でも閲覧を請求できるとされ原則公開されていたが，改正後は同法 11 条および新設された 11 条の 2 において「国・地方自治体」(11 条) および「個人・法人」(11 条の 2) それぞれについて閲覧できる場合に関する細かな規定が設けられ，原則非公開とされた（市町村自治研究会 2007）。「大学その他の学術研究を目的とする機関若しくは団体又はそれらに属する者」（以下「大学や研究者」という）が学術研究を目的とした社会調査を実施する場合には，同法 11 条の 2 の 1 項 1 号に基づき閲覧を請求することになる（資料 4-4）。同号は，「統計調査，世論調査，学術研究その他の調査研究のうち，総務大臣が定める基準に照らして公益性が高いと認められるものの実施」と規定するが，公益性の判断基準は総務省告示「住民基本台帳の一部の写しの閲覧についての公益性の判断に関する基準」（平成 18 年 9 月 15 日総務省告示 495 号）の 2 項において示されており（資料 4-5），「調査結果又はそれに基づく研究が学会等を通じて公表されることによりその成果が社会に還元されること」が求められている。

　次に，選挙人名簿の閲覧については，改正前公職選挙法 29 条 2 項において「市町村の選挙管理委員会は，選挙の期日の公示又は告示の日から選挙の期日後 5 日に当たる日までの間を除き，選挙人名簿の抄本を閲覧に供し，その他適当な便宜を供与しなければならない」とあるように，閲覧に関する特段の規定は設けられていなかった。しかし，改正後は同法 28 条の 3（資料 4-6）に新たに閲覧の規定が設けられ，「統計調査，世論調査，学術研究その他の調査研究で公益性が高いと認められるもののうち政治又は選挙に関するものを実施するために選挙人名簿の抄本を閲覧することが必要である旨の申出があつた場合」に制限されることになった。このように，選挙人名簿の閲覧については，公益性の高さに加えて，調査の内容が政治または選挙に関するものであることが必要となり，政治または選挙以外の調査研究では選挙人名簿を利用することはできなくなった。

　以上のように，大学や研究者が調査研究を目的とする場合であっても，所定の要件を充たせば住民基本台帳／選挙人名簿の閲覧は法的に認められている。しかし，社会調査の実施を目的に正式な閲覧申請により手続きを進めようとしても，住民からの苦情の可能性を理由に自治体から閲覧を断られるケース（安藤 2006）もあるという。また，住民基本台帳の一部の写し中の個人名簿の並びを，世帯を特定しにく

資料 4-4 住民基本台帳法 11 条の 2

（個人又は法人の申出による住民基本台帳の一部の写しの閲覧）
第十一条の二　市町村長は，次に掲げる活動を行うために住民基本台帳の一部の写しを閲覧することが必要である旨の申出があり，かつ，当該申出を相当と認めるときは，当該申出を行う者（以下この条及び第五十条において「申出者」という。）が個人の場合にあつては当該申出者又はその指定する者に，当該申出者が法人（法人でない団体で代表者又は管理人の定めのあるものを含む。以下この条及び第十二条の三第四項において同じ。）の場合にあつては当該法人の役職員又は構成員（他の法人と共同して申出をする場合にあつては，当該他の法人の役職員又は構成員を含む。）で当該法人が指定するものに，その活動に必要な限度において，住民基本台帳の一部の写しを閲覧させることができる。
　一　統計調査，世論調査，学術研究その他の調査研究のうち，総務大臣が定める基準に照らして公益性が高いと認められるものの実施
　二　公共的団体が行う地域住民の福祉の向上に寄与する活動のうち，公益性が高いと認められるものの実施
　三　営利以外の目的で行う居住関係の確認のうち，訴訟の提起その他特別の事情による居住関係の確認として市町村長が定めるものの実施
2　前項の申出は，総務省令で定めるところにより，次に掲げる事項を明らかにしてしなければならない。
　一　申出者の氏名及び住所（申出者が法人の場合にあつては，その名称，代表者又は管理人の氏名及び主たる事務所の所在地）
　二　住民基本台帳の一部の写しの閲覧により知り得た事項（以下この条及び第五十条において「閲覧事項」という。）の利用の目的
　三　住民基本台帳の一部の写しを閲覧する者（以下この条及び第五十条において「閲覧者」という。）の氏名及び住所
　四　閲覧事項の管理の方法
　五　申出者が法人の場合にあつては，当該法人の役職員又は構成員のうち閲覧事項を取り扱う者の範囲
　六　前項第一号に掲げる活動に係る申出の場合にあつては，調査研究の成果の取扱い
　七　前各号に掲げるもののほか，総務省令で定める事項
3　個人である申出者は，前項第二号に掲げる利用の目的（以下この条及び第五十条において「利用目的」という。）を達成するために当該申出者及び閲覧者以外の者に閲覧事項を取り扱わせることが必要な場合には，第一項の申出をする際に，その旨並びに閲覧事項を取り扱う者として当該申出者が指定する者の氏名及び住所をその市町村長に申し出ることができる。
4　前項の規定による申出を受けた市町村長は，当該申出に相当な理由があると認めるときは，その申出を承認することができる。この場合において，当該承認を受けた申出者は，当該申出者が指定した者（当該承認を受けた者に限る。以下この条及び第五十条において「個人閲覧事項取扱者」という。）にその閲覧事項を取り扱わせることができる。
5　法人である申出者は，閲覧者及び第二項第五号に掲げる範囲に属する者のうち当該申出者が指定するもの（以下この条及び第五十条において「法人閲覧事項取扱者」という。）以外の者にその閲覧事項を取り扱わせてはならない。
6　申出者は，閲覧者，個人閲覧事項取扱者又は法人閲覧事項取扱者による閲覧事項の漏えいの防止その他の閲覧事項の適切な管理のために必要な措置を講じなければならない。
7　申出者，閲覧者，個人閲覧事項取扱者又は法人閲覧事項取扱者は，本人の事前の同意を得ないで，当該閲覧事項を利用目的以外の目的のために利用し，又は当該閲覧事項に係る申出者，閲覧者，個人閲覧事項取扱者及び法人閲覧事項取扱者以外の者に提供してはならない。
8　市町村長は，閲覧者若しくは申出者が偽りその他不正の手段により第一項の規定による住民基本台帳の一部の写しの閲覧をし，若しくはさせた場合又は申出者，閲覧者，個人閲覧事項取扱者若しくは法人閲覧事項取扱者が前項の規定に違反した場合において，個人の権利利益を保護するため必要があると認めるときは，当該閲覧事項に係る申出者，当該閲覧をし，若しくはさせた者又は当該違反行為をした者に対し，当該閲覧事項が利用目的以外の目的で利用され，又は当該閲覧事項に係る申出者，閲覧者，個人閲覧事項取扱者及び法人閲覧事項取扱者以外の者に提供されないようにするための措置を講ずることを勧告することができる。
9　市町村長は，前項の規定による勧告を受けた者が正当な理由がなくてその勧告に係る措置を講じなかった場合において，個人の権利利益が不当に侵害されるおそれがあると認めるときは，その者に対し，その勧告に係る措置を講ずることを命ずることができる。
10　市町村長は，前二項の規定にかかわらず，閲覧者若しくは申出者が偽りその他不正の手段により第一項の規定による住民基本台帳の一部の写しの閲覧をし，若しくはさせた場合又は申出者，閲覧者，個人閲覧事項取扱者若しくは法人閲覧事項取扱者が第七項の規定に違反した場合において，個人の権利利益が不当に侵害されることを防止するため措置を講ずる必要があると認めるときは，当該閲覧事項に係る申出者，当該閲覧をし，若しくはさせた者又は当該違反行為をした者に対し，当該閲覧事項が利用目的以外の目的で利用され，又は当該閲覧事項に係る申出者，閲覧者，個人閲覧事項取扱者及び法人閲覧事項取扱者以外の者に提供されないようにするための措置を講ずることを命ずることができる。
11　市町村長は，この条の規定の施行に必要な限度において，必要な報告をさせることができる。
12　市町村長は，毎年少なくとも一回，第一項の申出に係る住民基本台帳の一部の写しの閲覧（同項第三号に掲げる活動に係るものを除く。）の状況について，申出者の氏名（申出者が法人の場合にあつては，その名称及び代表者又は管理人の氏名），利用目的の概要その他総務省令で定める事項を公表するものとする。

電子政府の総合窓口イーガブ〈http://www.e-gov.go.jp/〉（最終閲覧日：2017 年 11 月 11 日）〉

資料4-5 総務省告示495号（2006年9月15日）

○住民基本台帳の一部の写しの閲覧についての公益性の判断に関する基準〔2006年9月15日総務省告示第495号〕
住民基本台帳法（昭和42年法律第81号）第11条の2第1項第1号の総務大臣が定める基準は，次の各号に掲げるそれぞれの調査研究について，当該各号に定めるところによるものとする。
1 放送機関，新聞社，通信社その他の報道機関が行う世論調査にあっては，その調査結果に基づく報道が行われることによりその成果が社会に還元されること
2 大学その他の学術研究を目的とする機関若しくは団体又はそれらに属するものが学術研究の用に供する目的で行う調査にあっては，その調査結果又はそれに基づく研究が学会等を通じて公表されることによりその成果が社会に還元されること
3 前2号に掲げるもの以外の調査研究にあっては，当該調査研究が統計的調査研究であり，その調査結果又はそれに基づく研究が公表されることにより国又は地方公共団体における施策の企画・立案や他の機関等における学術研究に利用されることが見込まれるなどその成果が社会に還元されると認められる特段の事情があること

市町村自治研究会監修 2007.『平成19年度住民基本台帳六法』日本加除出版.

くするために50音順や生年月日順に並べ変えたり，閲覧そのものをしにくくするために閲覧手数料を値上げした事例も報告されている[4]。このような名簿順の修正や閲覧料金の値上げのような対応は，閲覧にかかる時間的・経済的な費用を増加させるとともに，前者はより深刻な問題を突きつけている。たとえば，事実上統一した一つの標本抽出台帳を作成できないような全国規模での調査を実施する際には多段抽出法（林 2002：33-35）が多く用いられるが，住所別の名簿の並びを生年月日等の順番へ変更することは，多段抽出における市区町村・町丁目字等の抽出を極めて困難なもの（調査デザインによっては不可能）としているに等しい。

住民基本台帳の代わりに，標本抽出台帳としての電話帳の利用可能性も考えられる。しかし，スマートフォンや携帯電話等の移動通信，またはIP電話の加入契約数が増える反面，固定電話加入契約数が減少傾向にあり（総務省 2013：353-354），電話帳への氏名・住所・電話番号の掲載率が低下している中にあっては，標本抽出台帳としての電話帳の利用価値は低下している。今後は，住宅地図に基づいて番号の付与された各住宅から系統的に標本を抽出する地域抽出法（area sampling）や（森岡 2007：128-129），郵便番号区単位での調査票の全戸配布ができる配達地域指定郵便物[5]の配達箇所数に基づく調査票配布地域の抽出のような，個人をベースとした標本抽出台帳を必要としない標本抽出の重要性が増すかも知れない。ただし，これら

---

[4] ①「住基台帳の悪用防げ 名古屋市，町名の次を氏名に 音羽町，閲覧手数料2倍に」朝日新聞2005年6月9日（朝刊，31頁），②「横浜市の住基台帳，閲覧リスト表記形式変更へ 個人名の50音順に」朝日新聞2005年9月26日（朝刊，31頁）。
[5] 「配達地域指定郵便物」日本郵便ウェブサイト〈http://www.post.japanpost.jp/service/discount/townmail.html（最終閲覧日：2017年11月11日）〉。

資料 4-6　公職選挙法 28 条の 3

> （政治又は選挙に関する調査研究を目的とした選挙人名簿の抄本の閲覧）
> 第二十八条の三　市町村の選挙管理委員会は，前条第一項に定めるもののほか，統計調査，世論調査，学術研究その他の調査研究で公益性が高いと認められるもののうち政治又は選挙に関するものを実施するために選挙人名簿の抄本を閲覧することが必要である旨の申出があつた場合には，同項前段に規定する期間を除き，次の各号に掲げる場合の区分に応じ，当該各号に定める者に，当該調査研究を実施するために必要な限度において，選挙人名簿の抄本を閲覧させなければならない。
> 　一　申出者が国又は地方公共団体（以下この条及び次条において「国等」という。）の機関である場合　選挙人名簿の抄本の閲覧の申出をした国等の機関の職員で，当該国等の機関が指定するもの
> 　二　申出者が法人である場合　選挙人名簿の抄本の閲覧の申出をした法人の役職員又は構成員（他の法人と共同して申出をする場合にあつては，当該他の法人の役職員又は構成員を含む。）で，当該法人が指定するもの
> 　三　申出者が個人である場合　選挙人名簿の抄本の閲覧の申出をした個人又はその指定する者
> 2　前項の申出は，総務省令で定めるところにより，次に掲げる事項を明らかにしてしなければならない。
> 　一　申出者の氏名及び住所（申出者が国等の機関である場合にはその名称，申出者が法人である場合にはその名称，代表者又は管理人の氏名及び主たる事務所の所在地）
> 　二　利用目的
> 　三　閲覧者の氏名及び住所（申出者が国等の機関である場合には，その職名及び氏名）
> 　四　閲覧事項を利用して実施する調査研究の成果の取扱い
> 　五　次に掲げる場合の区分に応じ，それぞれ次に定める事項
> 　　イ　申出者が法人である場合　閲覧事項の管理の方法及び当該法人の役職員又は構成員のうち，閲覧事項を取り扱う者の範囲
> 　　ロ　申出者が個人である場合　閲覧事項の管理の方法
> 　六　前各号に掲げるもののほか，総務省令で定める事項
> 3　第一項の規定にかかわらず，市町村の選挙管理委員会は，閲覧事項を不当な目的に利用されるおそれがあること，閲覧事項を適切に管理することができないおそれがあることその他同項の申出に係る閲覧を拒むに足りる相当な理由があると認めるときは，当該申出に係る閲覧を拒むことができる。
> 4　法人である申出者は，閲覧者及び第二項第五号イに規定する範囲に属する者のうち当該申出者が指定するもの（第七項及び次条において「法人閲覧事項取扱者」という。）以外の者にその閲覧事項を取り扱わせてはならない。
> 5　個人である申出者は，利用目的を達成するために当該申出者及び閲覧者以外の者に閲覧事項を取り扱わせることが必要な場合には，第一項の申出をする際に，その旨並びに閲覧事項を取り扱う者として当該申出者が指定する者の氏名及び住所をその市町村の選挙管理委員会に申し出ることができる。
> 6　前項の規定による申出を受けた市町村の選挙管理委員会は，当該申出に相当な理由があると認めるときは，その申出を承認するものとする。この場合において，当該承認を受けた申出者は，当該申出者が指定した者（当該承認を受けた者に限る。次項及び次条において「個人閲覧事項取扱者」という。）にその閲覧事項を取り扱わせることができる。
> 7　申出者（国等の機関である申出者を除く。）は，閲覧者，法人閲覧事項取扱者又は個人閲覧事項取扱者による閲覧事項の漏えいの防止その他の閲覧事項の適切な管理のために必要な措置を講じなければならない。

電子政府の総合窓口イーガブ〈http://www.e-gov.go.jp/〉（最終閲覧日：2017 年 11 月 11 日）〉

の方法による抽出標本の代表性については不明な点も多く，人口学的属性の差を慎重に検討していく必要がある。

3　社会調査データの新たな収集方法

　以下では，個人情報の保護に対する社会的な関心の高まりとともに社会調査環境

が変化する中，新たなデータ収集方法として注目されるインターネット調査と，二次分析が可能な一般公開データの利用についてみてみたい。これらの方法を活用してデータを収集・分析する過程では，個々の研究者が対象者の個人情報を取り扱うことは基本的に必要ない。したがって，個人情報の管理に関わるリスクを大幅に減らすことが可能になる。これらの方法は，研究者自身が実施する従来型の社会調査（訪問面接法や郵送法など）に比べて，調査費用の安さやデータ収集の迅速性・利便性に利点が認められやすいものの，個人情報保護の観点からも注目すべき方法と考えられる。

■3-1 インターネット調査の登場

　インターネット調査は電子メールやウェブサイトを利用してデータを収集する電子的調査情報収集法（CASIC：computer-assisted survey information collection）の一つである。このCASICには，調査対象をコンピュータで無作為に発生させた電話番号に基づいて決めるRDD（random digit dialing）法や，調査票の電子ファイルをフロッピーディスクに入れて郵送でやり取りするディスク・バイ・メール（disc by mail）方式などが含まれる（大隅 2002；グローヴスほか 2011；社会調査協会 2014）。ウェブサイトに調査票を掲示し回答者に記入してもらうウェブ調査は電子メールで調査票をやり取りする電子メール調査の発展形として位置づけられ（グローヴスほか 2011：149-150），インターネット調査の中でも現在の主要なデータ収集法として位置付けられる。

　大隅（2002）では，インターネット調査は調査対象者を捕捉する方法に基づき，①インターネット上で調査への参加者を募集して登録者リスト（リソース）を作成し，リスト中のすべての登録者に継続的なパネル調査を実施する「パネル型」，②インターネット上で調査への参加者を募集して登録者リストを作成し，リストの中から標本を抽出する「リソース型」，③登録者リストを作成することなくインターネット上でバナー広告等を用いて調査票を直接公開して回答を得る「オープン型」の三つに大別されている。さらに②のリソース型は，ⓐリストへの登録者に対してバナー広告等を用いて調査票を直接公開して回答を得る「リソース内オープン方式」，ⓑ登録者リストの中から特定の属性の者を標本抽出する「属性絞り込み方式」，ⓒ登録者リストの中から標本を無作為抽出する「リソース内サンプリング方式」に分けられ，一般的には「リソース内オープン方式」ないしは「属性絞り込み方式」が採用されていることが多いという（大隅 2002）。最近では，リソース型の属性絞り込み方式の

なかでも，目標回収数を属性別に設定して目標に達した時点で回収を打ち切る方式がよく用いられている。

　以上のような調査は，インターネット環境の向上を背景に，大量のデータを安く・速く入手することを実現し，マーケティングや報道の分野で急速に普及していった（長崎 2008）。また，居住地に関する設問を設けたり，リソースの地理的属性を用いて対象者を絞り込むことで，地理学的な調査デザインを考えることも可能である[6]。たとえば村中・中谷（2012）では，リソースの居住地情報に基づき，属性絞込み方式のインターネット調査が実施された。

　しかし，インターネット調査では登録者リストの中から標本を抽出するリソース型がよく用いられるものの（酒井・酒井 2007：36-37），この方法では，インターネットを利用しない者や調査に対して関心のない者はそもそも標本抽出の対象とならない。つまり，インターネット調査で得られた標本は一般的な住民・国民の縮図・代表とはなり得ない。そのため，マーケティングリサーチ（上田 2008）や保健医療に関する探索的な研究などではインターネット調査を利用したデータ収集の試みもあるものの，標本の代表性を重視する研究分野ではほとんど普及していない。ただし，代表性の問題は，現在，世論調査における主要なデータ収集法である RDD 法についても同様に指摘でき，むしろ，他の調査手法との比較からインターネット調査の研究を進め，その特徴を探るべきである（林 2001）。

　こうした問題に対して，労働政策研究・研修機構は「仕事や社会についての意識」に関する社会調査を実施し，リソース型属性絞り込み方式のインターネット調査と住民基本台帳からの無作為抽出による面接調査との対比から，インターネット調査の回答者の特徴を整理した（本多 2005）。そこでは，インターネット調査の回答者には，「高学歴」「専門・技術職」「大企業勤務者」「内職・自営業・派遣社員」「非正規従業員」「勤続年数・勤務時間が短い者」「家事のかたわら仕事をしている者」が多く，また，彼ら彼女らの意識的な特徴として，「終身雇用・年功賃金などの日本型雇用慣行への評価が低い」「平等社会よりも競争社会への志向が強い」「生活についての満足度が低い」「社会に不公平感を感じている人が多い」「健康・収入・老後生活などに対する不安感が強い」「生活に充実感を感じている人が少ない」傾向が指

---

6) 都市部と比較して農村部ではインターネット利用率が低い傾向にあるため（本多 2006），調査会社のリソース規模によっては，農村部からのリソースが十分得られないこともある。

摘された。このような従来型の面接調査の回答者とインターネット調査の回答者との間の意識の差は，少なくとも部分的には両者の社会経済属性の違いによるものと思われる。そのため，回答者の基本属性に基づき回答に補正を加えることで両者の差が縮まることもある（村中・中谷 2009 ☞ 第 6 章）。

このようにして登場してきたインターネット調査は，その後，インターネット自体の普及や従来型調査の行き詰まりを背景として，利用範囲・規模を急速に拡大させてきた。標本の代表性をはじめとする方法論的課題を抱えつつ，学術研究への利用も諸分野で進展をみせている。その過程で生じた評価の変遷や，この調査法が抱える課題の詳細，そして，地域分析への利用可能性については，第 II 部であらためて詳しく論じることにしたい。

■3-2　公開データの二次分析

近年普及しているもう一つのデータ収集法は，個票データの二次利用に関するものである。従来，国勢調査に代表される大規模な公的統計は集計された結果のみが公表され，そのもとになった個票（個人や世帯レベルの情報）を利用することはできなかった。しかし，2007 年に統計法が改正（2009 年施行）されたことを受けて，学術研究等における二次利用が認められることとなった。公的統計について，匿名化処理を施した個票データを作成・提供するサービスが開始されており，徐々にではあるが研究者がこれらの大規模な個票データを利用できる環境が整ってきている。地理学では，花岡（2012）が匿名化個票データを利用した研究成果を発表している。ただし，同サービスの利用に際しては事前相談や申請・審査があり，データ取得には手数料も必要になる[7]。

他方で，研究者や調査機関が実施する各種社会調査の個票データについても，データアーカイブの整備や研究者によるデータ寄託の進展によって，質の高いデータの二次利用が可能になっている。データアーカイブでは，社会調査の個票データを収集・管理し，二次的な利用のために提供することが目的とされる。たとえば，日本国内の代表的なデータアーカイブとしてはSSJDA（Social Science Japan Data Archive）があり，東京大学社会科学研究所附属社会調査・データアーカイブ研究センターにより構築・運用されている。さらに，海外のデータアーカイブにア

---

[7]「公的統計のミクロデータの利用について」統計センターウェブサイト〈http://www.nstac.go.jp/services/2ji/pamphlet.pdf（最終閲覧日：2017 年 11 月 11 日）〉。

クセスすれば，世界各国あるいは国際的な社会調査の個票データを利用することもできる。たとえばミシガン大学社会調査研究所が運営する ICPSR (Inter university Consortium for Political and Social Research) は代表的なものの一つであり，社会科学に関する膨大なデータを収集・公開している。

このようなデータアーカイブに寄託される個票データにはさまざまな種類のものがあるが，あらかじめ二次利用のための個票データ公開を意図して企画・実施されている社会調査がある。たとえば，大阪商業大学 JGSS 研究センターにより 2000 年以降継続的に実施されている JGSS はその代表的なものの一つである（☞第1章）。JGSS は日本全国を対象として，選挙人名簿または住民基本台帳を用いた層化二段無作為抽出により標本を抽出し，面接法と留置法を併用した調査を実施している。代表的な標本に対する調査を通じて，日本人の意識と行動，およびその変化を明らかにすることが試みられている。調査項目は，政治，経済から家族，余暇，日常生活に至るまで多岐にわたるため，多くの研究分野で利用可能な内容となっている。地理学では，村中ほか (2011)，埴淵ほか (2012b)，中谷・埴淵 (2013) などにおいて，JGSS の個票データを用いた分析がなされている。

このような公開データの二次利用は，研究者にとってどのようなメリットがあるだろうか。すでに述べたとおり，近年の調査環境の変化は，個々の研究者にとって社会調査の実施を困難にしている面がある。その中で，公的統計や専門機関による社会調査，そしてデータアーカイブは，匿名化処理によって個人情報の保護に努めつつ，非集計レベルの個票データを提供している。したがって，各研究者は調査対象者の個人情報を扱わずに個票データ分析ができるという利点がある。しかも，公的統計や大規模な社会調査では，厳密な標本抽出や回収率の維持に相当なコストが払われており，個々の研究者では実施が難しい規模や精度の調査データを得ることができる。また，公開データは基本的に誰でもアクセス可能であることから，社会科学の実証研究における「再現性」に資するという期待もある（佐藤 2012）。

しかし，当然のことながら，公開データの中に研究目的と合致するデータが無ければ，研究者自身が一次データを収集せざるを得ない。また，地理学研究にとっての重要な問題は，このような公開個票データでは，匿名化の観点から，ある水準以上の地理情報が削除されるという点であろう。各種の社会調査では，標本抽出や実査の段階で詳細な地理情報（住所）を把握していることが多く，それによって「小地域集計」のような詳細な情報が利用可能となる。しかし，たとえば上述の JGSS では，大まかな地域区分や市町村人口規模のみ利用可能であり，回答者の居住する市町村そ

のものなど，詳しい地理情報は公開されていない。また，公的統計の匿名化については，「国勢調査においては，地域情報は強力な識別情報となり得ることから，都道府県内において一部情報を他の地域の類似情報と入れ替えるスワッピングを行っています」[8]とされている。このように，公開データにおける個人情報の保護は地理情報の秘匿を伴うことから，地理学研究における公開データ利用はジレンマを抱えることになる。前述のJGSSを利用した地理学研究では，調査地点情報の特別利用によってこの点に取り組んでいるものの，公開データそのものを利用して，個人情報を保護しつつ詳細な地理的分析ができるような方法を検討していく必要があるだろう。

4 多様な調査法の利用に向けて

　本章では，近年の社会調査環境の変化に伴い提起された個人情報保護の課題と，これらの課題を解消する新たな調査データの収集方法について紹介・解説した。前者の個人情報保護をめぐる課題については，個人情報保護をめぐる法制度の変化とそれに対する学協会の対応，および，社会調査における代表的な標本抽出台帳である住民基本台帳と選挙人名簿の実質的な閲覧制限について検討した。一方で，後者の新たな調査データの収集方法については，データ収集の過程で研究者が個人情報を扱う必要がなく，個人情報の管理コストを削減できるインターネット調査および，社会調査の公開データの活用可能性について検討した。これらのデータ収集方法には，個人情報の管理と同時に標本抽出にかかる費用をも削減できるメリットがある。しかし，これらの新しい方法にも，得られたデータの代表性を十分に担保できなかったり，分析に利用可能な変数の種類に限りがあったりする課題も存在することから，決して問題解決に対して万能とはいえない。これらの課題をさまざまな角度から克服するためにも，インターネット調査や公開データのもつ利点と欠点を踏まえ，これらの手法と他の調査法とを複合的に利用したアプローチ（混合方式：mix-mode approach）（グローヴスほか 2011：178-181）に基づく研究の蓄積も待たれる。

---

8)「匿名データの作成・提供及びオーダーメード集計」総務省統計局ウェブサイト〈http://www.stat.go.jp/info/tokumei/（最終閲覧日：2017年11月11日）〉。

第II部

インターネット調査の諸問題

第5章
インターネット調査の学術利用
■その現状と論点　　　　　　　　　埴淵知哉・村中亮夫

本章の問い
- ◎インターネット調査は学術面でどう評価されてきたのか？
- ◎標本の代表性についてどのような点に注意すべきか？
- ◎測定の精度をめぐってどのような問題があるのか？

　社会調査環境の変化を受けて，廉価で迅速にデータを収集できるインターネット調査に注目が集まっている。本章ではまず，主に今世紀に入って拡大してきたインターネット調査の学術利用に関して，その評価の変遷を確認する。次に，標本の代表性と測定の精度という二つの側面から，インターネット調査における調査誤差の枠組みを整理し，従来型の調査法と比べて何が問題になりやすいのかを議論する。そして，地理学を含む社会科学研究を念頭に，今後のインターネット調査利用が抱える課題と，将来の学術利用の可能性について考察を進める。

1　インターネット調査の広がりと評価の変遷

　現代が〈調査困難時代〉とよべるような社会調査環境の悪化に直面していることは序章で述べたが，それと時を同じくして登場してきたのが，インターネットを利用した新たな調査手法である。第4章で説明したように，インターネット環境を利用した調査が登場してからさまざまな種類が提案されてきたが，近年では，登録モニター集団を対象にしてウェブサイト上での回答を求める調査が主流となっており，一般的にはこれが「インターネット調査」や「ネットリサーチ」などとよばれる。
　このインターネット調査は，2000年頃を境としてインターネットの利用者が拡

大したことを背景に,「早さ(迅速性)」と「安さ(廉価性)」を大きな利点として近年急速に普及してきた(長崎 2008;大脇ほか 2010)。長崎(2008)によると,日本におけるインターネット調査の歴史は,研究期(1994-96 年),黎明期(1997-99 年),転換期(2000-01 年),拡大期(2002-05 年),成熟期(2006 年以降)に分けられるという。成熟期に入る 2000 年代中頃は,個人情報保護法施行をはじめとする社会調査環境の激変があり,従来型調査の回収率低下が顕在化した時期とちょうど重なる。迅速性・廉価性に加えて,個人情報保護の観点,あるいは低回収率への対策の一つとしても,インターネット調査への注目が必然的に高まることになったと考えられる(村中ほか 2014 ☞第 4 章)。

インターネット調査は,まず市場調査を中心に広く普及し始め,とりわけ 2000 年頃からは,この新しい調査法をめぐってさまざまな議論や実験的調査が進められてきた。その初期の議論では,調査の信頼性や有効性に対して懐疑的な見方が強く表明されていた。たとえば,インターネット調査は「従来からの統計理論に支えられた科学的な調査法とは一線を画して考えるべきものとの指摘も多く,筆者も同じように考える」(大隅 2002:21)という意見や,「少なくとも現時点では,誰を調査対象としているかさえ明確にはできないデータ収集法を,いわゆる伝統的な「調査」と同列に論じることはできない」(吉村 2001:223),という批判的な論調が多くみられた。このように,1990 年代後半から 2000 年代前半において,インターネット調査は猛烈な批判にさらされたという(長崎 2014)。

ただし,最近ではインターネット調査が一般化する中で,その精度や品質についての議論が下火になり,むしろ世論調査や社会調査においても積極的に利用される方向に動いている(長崎 2014)。代表性や信頼性を欠くものとして否定する意見よりも,問題を抱えつつも他の調査法と補完的に利用することで,市場調査だけでなく学術的な社会調査においても一つの選択肢として考えられるという論調に変わりつつある。たとえば,「困難な状況における一つの方策として,現在では Web 調査の利用が学術分野でも増加している」(樋口ほか 2012:95)とされ,「ウェブ調査は当初,代表性を欠く調査方式として登場したが,現在では研究者が世論調査手法として検討するに値する調査方式となりつつある」(遠藤 2011:3)と積極的にこの動きを捉える向きもある。

地理学においても,インターネット調査を用いたデータ収集の試みはすでに始まっている。たとえば淺野ほか(2013)では,ラムサール条約の一般的な認知度や,観光訪問先としてのラムサール条約湿地に対する意識などを把握するために,インタ

ーネット調査が利用されている。村中・中谷 (2012) は,京都市における歴史的建築物の改修・保全による観光需要の地理的変動を検討するために,インターネット調査を通じて仮想行動に関するデータを全国的に収集している。他方,古賀 (2011)では,女性起業家という調査対象を登録モニター集団から抽出し,仕事や居住に関する各種の質問を実施している。矢部 (2014) も,東京都心部に居住する就業／専業主婦を調査モニターから抽出し,生活時間に関する調査をおこなっている。全国規模の調査費用や,対象の特殊性といった制約を考慮すると,インターネット調査は利用可能な数少ない選択肢の一つとなる。そもそも統計的社会調査を利用した地理学研究は少なくないため,今後,インターネット調査を用いたデータ収集は増えていくと予想される。地理学研究の一手法としても,インターネット調査の可能性と問題点を議論していく必要があるといえよう。

　このように,迅速性・廉価性における高い優位性と,従来型調査を取り巻く調査環境の悪化によって,積極的であっても消極的であっても,インターネット調査の利用可能性を無視することは難しくなりつつあるといえる。いずれにしても,インターネット調査から得られるデータの特徴について,実証的な知見を積み重ねていくことが必要であろう。そこで本章では,インターネット調査における各種の課題のなかから,標本の代表性と測定の精度を中心として方法上の論点を整理してみたい。

2　調査における「誤差」をめぐる枠組み

　まず,「インターネット調査」と一般によばれる調査においては,二つの意味で従来型の調査とは異なる特徴を備えていることを理解しておく必要がある。第一に,多くのインターネット調査は登録モニター集団（リソースやアクセスパネルなどともよばれる）を対象としたものであり（本多 2006；長崎 2008）,この意味で,確率的標本抽出を用いる従来型調査とは「調査対象」が大きく異なる。第二に,インターネット調査はパソコン等の情報端末を利用してウェブサイト上で回答することが多く,これは調査員が介在する面接調査や紙媒体の質問紙を用いる郵送調査とは「調査方式」において異なる。日本では,「登録モニター集団に対するウェブ調査」が主流になっているため,「インターネット調査」という一つの用語がこの二つの特徴を内包する表現として使用されてきたものと考えられる。

　この二つの特徴を区別することは,インターネット調査の問題点を他の調査法と

比較する際に有効である。インターネット調査により収集されたデータは，しばしば品質面で従来型調査に劣るものとみなされてきた（古村 2001；大隅 2002）。では，このデータの品質は，何によって構成されているのだろうか。調査によって明らかにしたい何らかの「真の値」に対して，統計的社会調査を通じて得られる統計量はさまざまな「誤差」を含んだ値であることから，その誤差が小さいほど調査の信頼性・妥当性が高いとみなすことができる。ここで，起こりうる誤差の種類を「調査対象（標本の代表性）」と「調査方式（測定の精度）」という二つの側面に分けてとらえ，それぞれ各段階で生じる誤差を総合することで調査全体の誤差を捉える枠組みとして，総調査誤差（total survey errors）という考え方が提唱されている（図5-1）（グローヴスほか 2011；大隅・鳰 2012）。

この枠組みに照らしていえば，インターネット調査は①登録モニターという調査対象の代表性と，②ウェブサイト上での回答という調査方式の測定精度の双方において，その信頼性・妥当性を問われているものと理解される。ただし，どのような

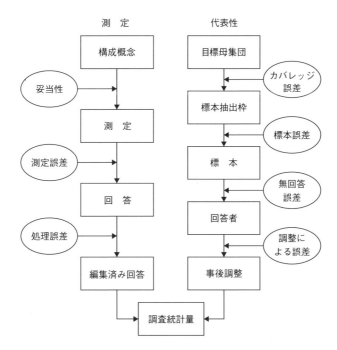

図 5-1 総調査誤差の枠組みにおける調査実施過程と誤差発生源
資料：遠藤（2011：11），グローヴスほか（2011：52），大隅・鳰（2012：28）をもとに作成。

方法であっても，実際には誤差がゼロになるような調査を実施することは事実上難しい。とくに近年は，従来型の面接・郵送調査において，回収率低下（無回答誤差の増大）などによる総調査誤差の拡大が懸念されており，その中でインターネット調査にも注目が集まってきた経緯がある。つまりこの枠組みのポイントは，総調査誤差というトータルな考え方をもち出すことによって，同じ基準の中で，インターネット調査と従来型の確率的標本抽出に基づく面接・郵送調査との比較を可能にする点にある。

この枠組みに照らして考えると，従来，日本では国民や地域住民一般を母集団とした調査において，カバレッジ誤差（目標母集団と標本抽出に利用される枠母集団とのずれ）の小さい標本抽出枠として，住民基本台帳や選挙人名簿が利用できるという優れた調査環境を有していた。しかし，自発的な登録モニターを対象としたインターネット調査では，そもそも各調査会社が構築したモニター集団が国民や住民一般を代表するとはいえないため，この誤差が大きな問題となる。また，調査方式の違いによる測定誤差については，ウェブサイト上で質問を読み回答するという形式が，回答者の意識や行動にどのように影響するのか，それは調査員による面接調査や紙の質問紙を用いた自記式調査とどう異なるのかについてまだ不明な部分が多い。以下では，調査対象と調査方式のそれぞれについて，個別により詳しく整理しておきたい。

3 代表性の問題

現在主流となっている登録モニター対象の調査では，誰（どのような属性や意識をもつ個人）が登録しているのか／していないのかが十分に明らかではないため，標本抽出枠の範囲を明確に定義できないという問題がある。このような自己参加型の調査対象者の集め方は「公募型」とよばれる。登録モニターはウェブサイト上の広告などを通じて募集されるが，登録は自発的におこなわれるものであり，確率的に選ばれるわけではない。結果として，登録モニターがどのような集団を代表しているのか不明であり，しかも調査会社ごとにそれが異なるということになる。したがって，何らかの意味で偏った標本である可能性が排除できず，集められたデータの分析から得られた統計量がどのような集団の特性を表したものなのか明確ではないという問題をもたらすことになる。

先行研究において，インターネット調査の回答者は，学歴が高いことや，専門・

技術職が多いといった属性の偏りがあることが指摘されている（本多 2006；佐藤 2009）。また，日本的雇用慣行に否定的であったり，競争主義志向，能力・業績主義志向が強かったりという意識面の違いがあることや（本多 2006），意識設問に対する「批判的」な回答傾向があること（佐藤 2009）も，実験的な調査から示されている。インターネット調査において常にこのような差があるとすると，得られたデータをもとに日本全体や地域住民一般について推論することには注意が必要になる。年齢や性別といった基本属性の偏りは，あらかじめ国勢調査などを用いて層別化し，回答者数を事前に制限することによって回避できる。しかし，母集団の構成比を把握することができない変数や，未知の偏りについては事前に対処しようがないため，結果として収集されたデータに何らかの系統的な誤差が紛れ込んでいる可能性を排除できない。

　なお，登録モニターの特性を考えるうえで無視できない要素が，調査協力に対する謝礼である。調査協力に対する謝礼そのものは，従来型の訪問面接や郵送調査においても一般的におこなわれているが，インターネット調査の場合には，この謝礼（ポイントなどで支払われる）がインセンティブとなりモニター登録している場合が多い。実際，多くのモニター登録者は，謝礼が得られることを調査への協力条件として挙げており，このことが回答者および回答内容に何らかの影響を及ぼすことが考えられる（萩原 2001；吉村 2001；大隅・前田 2008）。たとえば，本多（2006）が報告しているモニターの場合，回答頻度が「週に1-2回」以上が7-9割であり，「週に7回以上」も10数％いるとされている。また，登録している会社数についても，「3社」とする人が最も多く，「4社以上」も3-4割いるとされる。この数字から，「複数の調査会社にモニター登録して毎週調査に回答している」という回答者がインターネット調査の主流を占めているとされる（本多 2006）。

　この問題について，理論上は，登録モニターを対象とした調査よりも従来型の無作為標本抽出に基づく調査のほうが優れていることに疑いの余地は無い。ところが，無作為抽出された標本に対する面接あるいは郵送調査の回収率が著しく低い場合には，カバレッジ誤差は小さいものの無回答誤差が大きくなるため，最終的な総調査誤差において常に優れているとは限らない。他方で，インターネット調査においても，現在主流となっている自発的な登録（公募型）だけでなく，従来型の確率的標本抽出法に従って調査対象者を選び，応諾が得られた場合に登録する「非公募型」という方法もある（大隅・前田 2007）。調査費用は高くなるものの，非公募型モニターから得られたデータのほうが，変数間の関連性を検出しやすいという実験調査も

報告されている（樋口ほか 2012）。

4 測定精度の問題

　調査誤差のうち，調査方式の違いが影響するのは「測定誤差」の段階である（図5-1）。インターネット調査の回答方法（パソコン等の画面を見て，チェックあるいは入力等によって回答する方式）においては，郵送調査と同様に，調査員がその場に介在しないという特徴がある。そのため，質問文をよく読まないで回答する「不良回答」や，「いいかげんな回答を行う対象者」の存在が，とくにインターネット調査においては問題視されてきた（長崎 2008；山田ほか 2010）。というのは，インターネット調査が自記式であることに加えて，先に述べたとおり謝礼目的で頻繁に回答しているモニターが一定数存在しており，このことが標本の代表性のみならず，測定誤差にも影響することが懸念されているからである。そのような「プロ回答者集団」(professional respondent) が参加しているために，短時間でいい加減に回答する者が少なからずいると指摘されており，調査会社はそのような行為があった回答者を除外する対策を講じているとされる（大隅 2005；本多 2006）。プロ回答者集団による回答は，未知の標本バイアスの可能性を高めることに加えて，もし積極的なモニターほど質問文を十分に読まないという傾向があれば，測定誤差も大きくなることが懸念される。

　一般に，インターネット調査における不良回答の特徴としては，①回答時間の短さ，②複数回答設問における該当数の少なさ，③論理矛盾を含む回答，④選択式設問における規則的回答などがよく指摘されている（大隅・前田 2008；山田ほか 2010などを参照）。このなかで注目されるのは「回答時間」である。インターネット調査の場合には，回答画面上での行動をトラッキングすることが可能であり，調査全体あるいは各設問にどの程度の時間をかけて回答したのかを知ることができる。回答行動のトラッキングが可能な点は，インターネット調査が従来の調査（とくに，同じ自記式である郵送調査）に比べてもつ大きな特徴であり，回答時間の分布を観察することの重要性は以前から指摘されてきた（大隅 2005；大隅・前田 2008）。回答行動の違いが測定誤差と関連しているのであれば，回答行動の情報を記録しておき，データの補正や解釈にこれを利用していくことが考えられるからである。インターネット調査に関する研究委員会（2007）による実験的調査の報告書においても，回答時間が極端に短いと回答精度が落ちるケースが含まれるとして，そのような回答者を

分析対象外にするという対策が提言されている。

ただし，短時間で回答すること自体は「不良」ではなく，むしろ不良回答か否かを規定する要因（の一つ）とみなすほうが適切であろう。先行研究では，回答時間が異常に短いことに加えて，それが長い場合も要注意であるという指摘がある（大隅・前田 2008）。そもそも，「異常に短い」回答時間がどこまでを指すのかについても，経験的な基準や合意があるわけではない。調査会社によっては，回答時間が極端に短い回答を除外することでデータの品質を維持していると述べているところもあるものの，その基準について客観的な根拠は必ずしも共有されていない。不確かな基準に沿って恣意的に回答を除外することになれば，それが総調査誤差を逆に大きくする危険性もあるため，基準の妥当性および，それが分析結果に及ぼす影響についても，研究事例を積み重ねていくことが必要であると思われる。

そして，このような測定誤差の問題も，総調査誤差の枠組みの中でトータルとして考えなければならない。測定誤差はインターネット調査に限ったものではなく，たとえば面接調査や電話調査の場合には，調査員が介在することで，一般受けする回答をしやすいという「社会的望ましさ」(social desirability) がしばしば問題になる。逆に，調査員が介在しない自記式の調査では，回答者の本人確認や回答時の誤記入・未回答のチェックができないことが懸念される。この点で，郵送調査はしばしば面接調査に比べて信頼性が劣るとされてきた。これに対してインターネット調査では，社会的望ましさの問題は回避でき，記入漏れや誤回答（たとえば，単数回答の設問に複数の○をつける，など）を回答画面の制御によって防ぐことができるという利点も有している。

5　新たな調査方法としての可能性

標本の代表性や測定誤差に多くの課題を抱えつつも，インターネット調査は迅速性と廉価性を大きな利点として拡大してきた。この利点はとくに市場調査において重視されてきたものの，学術的な社会調査においても無視できないほど，従来型調査のそれとは違いがある。確率的標本抽出によって数千サンプルを得るような調査には，相当の時間的・経済的コストがかかる。しかしインターネット調査の場合には，一般的な設問数・標本数であれば数十万円から調査可能であり，探索的調査やプリテストとして利用する場合には検討すべき選択肢の一つに入れることができる。また，調査票の入稿からデータの納品までを1カ月以内で十分に完了でき，記入ミ

ス等に対するデータクリーニング作業も大きく軽減できる[1]。これは調査の現実的な実施可能性に照らして，重要な条件である。

　他方で，インターネット調査には迅速性と廉価性以外にもいくつかの新しい可能性がある。標本の特性という点でいえば，大規模な登録モニター集団を構築している場合には，登録情報や事前調査を通じて対象を絞り込むことで，通常の確率的サンプリングでは調査できないような対象（レア・サンプル）にアクセスできる（☞コラム①参照）。たとえば，富裕層，疾患罹患者，自動車保有者というように，リソース内のモニター属性を絞り込んだ集団をあらかじめ構築している調査会社も多い。地理学においても，住民一般や国民全体というよりも，何らかの特定の属性・行動などをもつ対象に関心をもつことは多いと思われるため，代表性よりも特殊性を重視した対象の選択に利用できるかもしれない。ただし，地理的な特性についての絞り込み（たとえば特定の地域の居住者など）は，個人情報との関係があり単純には実施できないと考えられる。

　もう一つの可能性は，調査方式に関するものである。具体的には，写真・動画・音声といったデジタルコンテンツを調査票の中で利用できることや（大脇ほか 2010），キーボード入力ができるため紙媒体よりも多くの自由記述回答を得やすいことなどが考えられる。たとえば，写真や動画を視聴したうえでの質問が可能な点は，視覚情報を伴うことが多い地理学的調査に応用しやすいであろう。また，回答画面上で地図を表示して位置情報を参照できるように設計すれば，空間的な移動や認知に関する情報を取得しやすくなるかもしれない。さらに，狭義のインターネット調査を超える課題であるが，スマートフォンやウェアラブル端末と連動させることによって，従来は取得不可能であった各種情報を位置・時間情報とともに利用することもできる。すでに，スマートフォンによるインターネット調査への回答が増えており，場所を選ばずに回答できるという性質と，位置情報や行動履歴を記録できることなどはインターネット調査の新たな可能性として注目されている（長崎 2014）。

　いずれにしても，インターネット調査という方法が増加していく中で，この調査法についてのさらなる議論が必要である。標本の代表性および測定誤差のそれぞれにおいて，インターネット調査は大きな課題を多く抱えている一方で，それはあら

---

1) これは調査会社とのやり取りを通じて対象者の割付や画面設計をおこなう「標準的」なインターネット調査の場合を想定した目安であるが，近年では調査者側で画面設計などを担う，さらに安価で時間のかからない調査法も登場しており（セルフ型／DIY型とよばれる），市場調査を中心に普及している。

ゆる調査が直面する誤差の問題のバリエーションであると捉えることで，選択肢の一つとして検討すべき方法と位置付けることができる。さらに，従来型調査の課題克服だけでなく，インターネット調査がもつ新しい調査法の可能性をどのように学術研究に活用していくのかについて，今後も継続的な議論が必要である。次章以降では，実際にインターネット調査を通じて収集されたデータをもとに，地理学研究を中心とした地域分析への利用可能性を探ることにしたい。

コラム① レア・サンプル対象の調査　　埴淵知哉

　レア・サンプルを対象とする場合，インターネット調査はこれまでにない有効な方法になりうる。出現率の低い研究対象は，確率的標本抽出によって十分な標本数を得ることができないため，量的研究の実施は難しい。しかしインターネット調査では，スクリーニングとよばれる事前調査を実施することによって，あらかじめ何らかの特徴をもつ標本のみに本調査の対象を絞り込むことができる。数問程度の簡易的な調査をおこない，その中で対象に合致する回答をした場合のみ，本調査に進むことができるといった方式である。たとえば，「○○という商品の利用経験がある人」「過去に留学経験のある人」のような絞り込みが考えられる。調査会社によっては，各種の特徴的な集団（パネル）をあらかじめ構築している場合もある。

　とはいえ，調査可能なレア・サンプルの出現率には「下限」もある。仮に出現率が1％であるような対象集団を考えると，最終的に必要な回収数の100倍のモニターに対してスクリーニング調査をしなければならない。スクリーニング調査に要する費用は，本調査よりもかなり低く設定されているものの，出現率があまりに低い場合には，料金が高額になったり，必要な標本数に達しないというケースが生じうる。したがって，調査会社の登録モニター集団を対象とした場合には，「レア過ぎないこと」が求められる。

　では，それ以上に出現率が低い場合には，どのような調査法が考えられるだろうか。一つの可能性として，ここではクラウドソーシングサイトを利用したアンケート調査を紹介したい。ランサーズやクラウドワークスに代表されるクラウドソーシングサイト上では，デザイン制作や翻訳，ライティング等のさまざまな業務がクラウド上で受発注されているが，その一つとしてアンケート調査を実施（または回答）することができる。一般にアンケートは，「タスク」とよばれる，短時間で完了できる作業を多数の作業者が分担するタイプの仕事に分類され，数円〜数百円程度の報酬で実施されていることが多い。発注者は，クラウドソーシングサイトのシステムを使用して，アンケート調査の回答フォームを作成することができ，受注者もそのサイト内でアンケートに回答する。

　クラウドソーシングサイトはアンケート調査に特化したサービスではなく，スクリーニングのような機能があるわけではない。ただし，タスクの発注時に，「○○限定のアンケート調査」のように見出しをつけておくことで，回答者（受注者）のほうが自ら条件を満たすかどうかを判断してくれる。いわば，セルフ・スクリーニング方式である。大手のクラウドソーシングサイトには数十万人規模の登録者がいるため，潜在的には，その集団からレア・サンプルのデータを収集できることになる。

　ここで，実際にレア・サンプルのデータ収集を目的とした利用例を紹介する。同調査の対象は，「コワーキングスペースの利用経験がある人」である。コワーキングスペースとは，多様な利用者が共有するオフィスであり，企業や職種が異なる人々がコミュニケーションを通じて働く空間である（埴淵 2014）。最近では，

働き方改革やテレワークとの関連で注目されることも増えてきた。日本では主に2010年以降，東京を中心に広がり始め，全国での店舗数は2014年9月時点で400以上にまで増加した（阿部・宇田 2016）。ただし，その認知度や利用率は依然としてかなり低い。筆者らが2017年2月におこなったインターネット調査（クロス・マーケティングの登録モニターから，全国・男女・20–44歳を対象に，年齢・性別・地方別の人口構成を2015年国勢調査に比例割付して1,000票回収）では，コワーキングスペースの利用経験がある人はわずか3.7%（37人）であった。

そこで，クラウドソーシングサイトのランサーズ上で，2017年8月23日〜8月30日にかけて，「コワーキング・スペースの利用経験についてのアンケート」というタスクを発注した。説明欄には，「※コワーキング・スペースを一度でも利用したことがある方に限定させて頂きます。」と記載し，セルフ・スクリーニングにより利用経験者のみに受注を依頼した。報酬は1件あたり216円，回収数の上限は300とし，1人1回のみ回答できるようにシステム上で制限した。結果として，実施期間中に571回の閲覧数があり，うち159人が調査に回答した。回答の大半は調査開始当日および翌日に集中しておこなわれた。

結果的に，159票の回収が得られたことは予想以上であり，出現率が著しく低い場合に有効な方法となりうることが示されたといえるだろう。今回設定した報酬は，回答時間・設問数からすると同サイト上での相場よりも高い水準であると考えられるが，それでも調査費の総額は3.5万円程度であり，スクリーニング調査を利用して同規模の回収を図る場合よりもかなり低予算で実施可能なものである。また，追加料金が必要になるものの，依頼を上位表示させて注目度を高めるオプションなどを利用することで，さらに多くのデータを集めることも可能である。

セルフ・スクリーニングについて，対象に合致するかどうかは自己申告であるため，虚偽の可能性を排除できるわけではない。ただしこの点は，インターネット調査や他の調査法でも同様である。クラウドソーシングにおいて，回答者は多くの場合匿名ではあるものの，サイト内での評価システムがあるため，むしろ丁寧な回答が得られる可能性もある。また，回収数よりも信頼性を重視したい場合は，本人確認済みの登録者のみに回答を限定することもできる。したがって，「不良回答」を抑止する一定の仕組みが働くものと考えられるが，それがどれほど有効であるのかについては断定できる段階にはない。

また，当然のことながら，クラウドソーシングサイトの登録者は何らかの母集団を想定した代表サンプルではなく，セルフ・スクリーニングは無作為抽出ではない。人口構成に合わせた割付は，セルごとに回答者を募集すれば不可能ではないが，現実的には実施困難である。そもそもこの方法は，セルフセレクション・バイアスを逆手に取ったようなものであり，標本の代表性についてはまったく保証されない。したがって，基本的には，レア・サンプルの情報を集める探索的調査への利用に限定すべきであろう。しかし，その限界を理解したうえであれば，社会科学研究において一つの有効な調査法となりうるかもしれない。

第6章

郵送調査との比較

■ 代表性の問題

村中亮夫・中谷友樹

> **本章の問い**
> ◎社会調査データの収集法は分析結果に影響するのか？
> ◎郵送調査とインターネット調査で支払意思額（WTP）はどう違うのか？
> ◎回答者の属性を補正することで方法による差は埋められるのか？

　本章では，災害からの歴史的景観の復興を題材にした仮想市場評価法（CVM）を事例として，社会調査データの収集方法（郵送調査とインターネット調査）が支払意思額（WTP）に与える影響を検討する。グループデータ回帰分析の結果，郵送調査と比較してインターネット調査で収集したデータからは，30-40歳代の被験者では相対的に低いWTPが得られることが示された。しかし，回答者の職業や所得の効果については両方式による差は認められなかった。さらに，サンプルの属性別構成を補正すると，WTP平均値および中央値でみた郵送調査とインターネット調査の違いは小さくなり，本研究のシナリオではインターネット調査で得られたデータでも，郵送調査とほぼ同等な便益が推計された。

1 インターネット調査と仮想市場評価法

　公共事業や環境計画の立案に関する事業評価において，近年，仮想市場評価法（CVM：contingent valuation method）の利用が定着しつつある。この手法は，伝統的な農村景観や生態系のように，一般市場で取り引きされない環境財の価値を経済的に評価することで，環境保全の妥当性を経済的側面から評価するものである。CVMでは通常，評価対象となる環境財の保全に対して受益者（被験者）が最大限支払っても良いと思う金額，すなわち支払意思額（WTP：willingness to pay）を問い，

その個人が表明したWTPデータに基づいて環境財の経済的価値が推定されることになる。そこでは，WTPに関するまとまった量のデータを入手する必要性があり，データ収集にあたっては電話帳データベースや住民基本台帳，選挙人名簿を台帳とした郵送調査がしばしば利用されている（林 2006）。

一方で，近年，市場調査の分野ではインターネット調査の利用が急速に普及し始めている。インターネット調査とは，データ収集の手段として電子メールやウェブサイトを利用しておこなわれる調査の総称であり，日本では1990年代の中頃から急速に利用され始めた。この背景には，インターネット調査のもつ経済的かつ迅速にデータを収集できる高い利便性や，個人情報の保護に対する社会的関心の高まりから，従来の統計調査の遂行が容易ではなくなった社会調査を取り巻く環境の変化がある。

第4章で説明したように，インターネット調査における回答（ないしは被験者）の収集方法にはいくつかの種類があるが，大別すると公募型と非公募型とに分けることができる（大隅 2006）。公募型調査では，被験者が調査に自主的に参加する意思をもつ者であり，標本集団がどのような社会集団を代表しているのかが極めて曖昧である点が問題である。この問題を解決するために考えられたのが非公募型調査である（大隅 2006）が，公募型調査と比較して費用や労力がかかる。そのため，現在最も普及しているインターネット調査は公募型であり，とくに，あらかじめモニター登録した参加者に対して協力を依頼するリソース型の調査である。

この方式に基づくインターネット調査の特徴について，市場調査においてはもっぱら経済性と迅速性といった利点が強調されてきた。しかし，従来型のデータ収集方法と比較してインターネット調査にどの様な問題が存在するのかはいまだ十分に検討されているとは言い難い（大隅 2001）。また，CVMを使った環境経済評価研究においてもインターネット調査を利用した事例研究（青山ほか 2000）がみられるが，いまだインターネット調査を利用した場合の問題を議論した研究はなく，これまで利用されてきたデータの収集方法とインターネット調査を利用した場合，評価にどのような違いが生じるのかを検討しておく必要がある。

そこで本章では，CVMを使った環境経済評価研究で環境財の評価結果を直接左右するWTPが，データ収集方法の違いによりどのような影響を受けるのかを検討することにした。具体的には従来型の社会調査法の一つである郵送調査と，近年利用が進んでいるインターネット調査の違いに着目し，被験者の社会経済属性や居住地属性も考慮しつつWTPに対する影響要因を探る。

2 二種類の調査方法

■2-1 研究対象地域と評価対象財

本研究では，インターネット調査を利用した「災害リスクに着目した歴史的景観の継承に関わる意識調査」（村中・中谷 2007）に対応する郵送調査を新たに実施し，災害により損なわれた京都市の歴史的景観を復興することに対する京都市民のWTPデータ（インターネット調査および郵送調査）を準備した。

京都市では各種の文化財保護制度により，伝統的な木造建築物や近代建築物，集落景観が保全されている。これらの景観構成要素によって構成される歴史的景観の喪失には，都市開発や地域社会の変容による環境の改変のみならず，自然災害や人為的災害のリスクも深く関与している（益田 2007）。この観点から，近年では災害から文化財を守り，災害発生後においても効果的に被災から復興する計画論的取り組みについての議論がなされるようになった。そこで，本研究の調査票では，災害リスクに着目した歴史的景観の継承についての意識とともに，災害発生後における歴史的景観復興に対するWTPを質問している。

■2-2 調査票の設計

1）評価対象財に関する説明

CVM研究においてWTPに関わる質問をする際には，通常，被験者が評価対象財を具体的にイメージできるよう，被験者に対して評価対象財に関する基礎的な情報を提供する。本研究では，被験者の心理的負担を軽減すべく，文章による説明文ではなく，評価対象財に関わる質問をすることで財に関わる情報を提供した。質問項目は，「歴史的景観保全の法制度」や「歴史的景観の果たす役割」「歴史的景観の抱える自然・人為的災害リスク」「歴史的景観の持つ価値」「歴史的景観を構成する要素」である。

2）WTPに関する質問

本研究では京都市における災害発生後の歴史的景観の継承を想定し，歴史的景観復興に対するWTPを質問した。質問では，京都市において自然災害ないしは人為的災害が発生し，市内の歴史的景観が損なわれた状況（q_0）を想像してもらった。ここで，q_0は事前（復興前）の環境の質，q_1は事後（復興後）の環境の質である。そして，この損なわれた歴史的景観（q_0）を破壊される前の状態へ復興（q_1）するために，

「古都京都の歴史的景観災害復興基金」を設ける仮想のシナリオを提示した。シナリオの提示後に，この基金創設のシナリオに基づいた任意の負担金を10年間にわたり求めた。集められた負担金の全額が，京都市における災害発生後の歴史的景観復興に充当されるとした。

WTPに関わる質問の形式にはいくつかあるが，本研究では支払カード形式を採用した。支払カード形式では，あらかじめ調査者が準備した任意の支払金額を被験者が選択することでWTPを回答する手法である。本研究では，0円，100円，200円，500円，1,000円，2,000円，5,000円，1万円，2万円，5万円，10万円，20万円，50万円の合計13種類の支払カードを提示した。なお，本研究では提示したシナリオを被験者が受け入れたか否かを判断するために，抵抗回答[1]を判断するための質問項目を設けた。

3) フェイスシート

本研究では，個人属性に関わる項目として，被験者の社会経済属性と地理的属性に関する質問をおこなった。社会経済属性に関しては，性別，年齢，産業，職業，世帯年収，を質問し，項目分類は『国勢調査』ないしは『全国消費実態調査』を参考にした。また，地理的属性に関しては，居住地（京都市行政区）と居住年数について質問した。

■2-3 調査の概要

本調査では，インターネット調査と郵送調査に基づき，京都市内に在住している20歳以上の個人（標本抽出時点）に対してアンケート調査を実施した。

---

[1] 抵抗回答とは，歴史的景観復興に対する価値を認めてはいるが，シナリオに対する抵抗感から0円回答を選択した回答である。本研究では，①京都市の歴史的景観の復興へお金を支払う余裕がないから，②京都市の歴史的景観の復興へお金を支払うほどの価値はないから，③京都市の歴史的景観の復興は税金でやられるべきだと思うから，④お金だけで京都市の歴史的景観を復興することはできないと思うから，⑤京都市の歴史的景観の復興だけにお金を支払うことは意味がないから，⑥京都市の歴史的景観に興味がないから，⑦京都市で災害などあり得ないから，⑧質問の意味がよくわからないから，⑨仮の話に答えることは意味がないと思うから，⑩その他，の10の選択肢を設けた。これらの選択肢の中から，シナリオに対する抵抗から0円のWTPを表明したものと考えられる③④⑧⑨を選択した被験者の回答を抵抗回答とした。なお，⑩を選択した回答は個別に内容を検討して抵抗回答か否かを判断した。

表 6-1 調査票の回収率

	計画標本	有効発信数	未達数	有効回答数	有効回答率	抵抗回答数
インターネット調査	698	698	0	329	47.1%	33
郵送調査	1,500	1,485	15	536	36.1%	71

インターネット調査では，Yahoo! リサーチの登録モニター（20歳以上）を調査対象者とした。公募モニター型のインターネット調査ではサンプリングバイアス（大隅 2006）発生の可能性が指摘されている。そこで本研究における標本抽出では，性別，年齢階級を考慮した層化抽出法により698名を計画標本とし，有効配信数698（未達数0）に対して調査協力の依頼をおこなった（リソース型属性絞り込み方式）。このうち，有効回答数は 329（有効回答率＝47.1%）である（表6-1）。

一方，郵送調査では，京都市に住民票を届出ている者（20歳以上）を調査対象者とした。サンプリングには住民基本台帳を利用し，系統抽出法により1,500名を計画標本とした。転居等の事由により15通が未達であり，最終的には1,485通の有効配布数のうち，WTPおよび正常回答の判断に必要な質問に回答漏れの無かった536通を有効回答とした（有効回答率=36.1%）（表6-1）。

アンケート調査期間に関しては，インターネット調査を2007年2月8日〜13日，郵送調査を2007年3月30日〜5月11日に実施した。

3 回収データの概要

■3-1 変数の設定

本研究における調査票で得られたデータに基づき，分析に利用する変数は以下のとおりである。

まず，従属変数として，歴史的景観復興に対するWTPを示す WTP，抵抗回答か否かを示す $Protest$ を設定した（表6-2）。WTPを用いた分析では，しばしば有効回答から抵抗回答を除いた回答（正常回答）が用いられる。この抵抗回答は，シナリオを正確に把握していないという判断から，WTPの評価から除外される。つまり，抵抗回答率の違いを原因として，WTPに大きな変動が生まれる可能性がある。そこで本研究ではデータの収集方法が抵抗回答率に与える影響を踏まえた後，WTPに与える影響を検討する。

次に，独立変数として，データの収集方法を示す $Internet$，被験者の社会経済属性に関しては性別を示す Sex，年齢を示す $Age20 〜 Age60$（20歳代，30歳代，40歳

表 6-2 変数一覧

	変数の内容（略記号）	データ形式
従属変数	WTP（*WTP*）	0 円 =1　　　1 万円 =8 100 円 =2　　2 万円 =9 200 円 =3　　5 万円 =10 500 円 =4　　10 万円 =11 1,000 円 =5　20 万円 =12 2,000 円 =6　50 万円 =13 5,000 円 =7
	抵抗回答／正常回答（*Protest*）	抵抗回答 =1 正常回答 =0
独立変数	データの収集方法（*Internet*）	インターネット調査 =1 郵送調査 =0
	性別（*Sex*）	男 =1 女 =0
	年齢　20 歳代（*Age20*） 　　　30 歳代（*Age30*） 　　　40 歳代（*Age40*） 　　　50 歳代（*Age50*） 　　　60 歳代以上（*Age60*）	当該年代に区分される =1 当該年代に区分されない =0
	同居している家族数（*Family*）	実数（人）
	所得（*Income*）	200 万円未満 =1　　600–800 万円 =6 200–300 万円 =2　　800–1000 万円 =7 300–400 万円 =3　　1000–1250 万円 =8 400–500 万円 =4　　1250–1500 万円 =9 500–600 万円 =5　　1500 万円以上 =10
	京都市内在住年数（*Year*）	実数（年単位）
	居住地（*Citycentre*）	都心 4 区内（上京区，中京区，下京区，東山区）=1 都心 4 区外（北区，左京区，南区，右京区，伏見区，山科区，西京区）=0
	産業　第一次産業（農林漁業） 　　　第二次産業（鉱工業・製造業） 　　　第三次産業（卸売・小売業，金融・不動産業，運輸通信・電気ガス水道業，観光業，サービス業，団体職員，公務員）	当該産業に従事している =1 当該産業に従事していない =0
	職業　ホワイトカラー（専門的・技術的職業従事者，管理的職業従事者，事務従事者） 　　　グレーカラー（販売従事者，サービス職業従事者，保安職業従事者，運輸・通信従事者） 　　　ブルーカラー（農林漁業作業者，生産工程・労務作業者） 　　　主婦，学生，無職	当該職業に従事している =1 当該職業に従事していない =0

代，50 歳代，60 歳以上），同居している家族の人数を示す *Family*，所得を示す *Income*，被験者の居住地属性に関しては京都市内在住年数を示す *Year*，都心 4 区（上京区，中京区，下京区，東山区）に居住しているか否かを示す *Citycentre*，産業（第一次産業，第二次産業，第三次産業），職業（ホワイトカラー，グレーカラー，ブルーカラー，主婦，学生，無職）[2]を設定した（表 6-2）。

100　第Ⅱ部　インターネット調査の諸問題

■ 3-2　回答者の構成

　インターネット調査における標本抽出では，できるだけ標本の偏りを避けるべく，性別と年齢階級を考慮した標本抽出をおこなった。しかし，その他の属性を踏まえた標本抽出は不可能であったため，属性の偏りがみられる可能性は残る。そこで，居住地や性別，年齢階級に加え，2005年国勢調査データとの対比が可能な産業と職業について，分析に利用できるデータの偏りを検討してみたい（表6-3）。

　まず，居住地についてみてみると，国勢調査と比較して郵送調査・インターネット調査で都心4区内居住者の割合がそれぞれ1.145（0.986, 1.331）倍・0.969（0.784, 1.197）倍となり，郵送調査・インターネット調査で居住地の割合にほとんど差がみられないことがわかった。ここで，カッコ内は95%信頼区間の（下限値，上限値）である。

　次に，性別についてみてみると，国勢調査と比較して郵送調査・インターネット調査で男性の割合がそれぞれ0.809（0.720, 0.909）倍・0.907（0.795, 1.035）倍となり，郵送調査の場合で男性の割合が低い傾向がみられた。

　さらに，年齢についてみてみると，国勢調査と比較して郵送調査・インターネット調査で20歳代の割合がそれぞれ0.610（0.474, 0.786）倍・0.680（0.505, 0.915）倍，50歳代の割合は1.267（1.064, 1.509）倍・1.830（1.544, 2.169）倍であった。60歳以上の割合に関しては，郵送調査の割合が国勢調査と比較して1.168（1.039, 1.312）倍であるのに対して，インターネット調査の割合は0.695（0.563, 0.858）倍となり，逆の傾向がみられた。

　最後に，産業・職業についてみてみると，国勢調査と比較して郵送調査・インターネット調査で主婦の割合（家事に従事している割合）がそれぞれ1.331（1.149, 1.542）倍・1.470（1.235, 1.748）倍となる一方で，第二次産業に従事している割合は0.239（0.154, 0.371）倍・0.521（0.360, 0.754）倍と小さい。ホワイトカラーとブルーカラーに関しては，国勢調査と比較して郵送調査・インターネット調査でホワイトカラーの割合が1.605（1.443, 1.785）倍・1.684（1.500, 1.891）倍と大きくなる一方で，ブルーカラーの割合は0.169（0.095, 0.301）倍・0.091（0.041, 0.200）倍と著しく小さい。

　以上のデータ収集方法と産業構成および職業構成の関連性に関する有意性検定

2）本研究における職業分類は，ホワイトカラー（専門的・技術的職業従事者，管理的職業従事者，事務従事者），グレーカラー（販売従事者，サービス職業従事者，保安職業従事者，運輸・通信従事者），ブルーカラー（農林漁業作業者，生産工程・労務作業者）である。

表 6-3 データ収集方法別の産業，職業割合

		国勢調査		インターネット調査		郵送調査	
居住地	都心4区内	256,756	(21.3%)	68	(20.7%)	129	(24.4%)
	都心4区外	946,792	(78.7%)	261	(79.3%)	399	(75.6%)
性別	男性	564,815	(46.9%)	126	(42.6%)	175	(38.0%)
	女性	638,733	(53.1%)	170	(57.4%)	286	(62.0%)
年齢	20歳代	227,273	(18.9%)	38	(12.8%)	53	(11.5%)
	30歳代	214,444	(17.8%)	54	(18.2%)	71	(15.4%)
	40歳代	165,384	(13.7%)	45	(15.2%)	62	(13.5%)
	50歳代	204,404	(17.0%)	92	(31.1%)	99	(21.5%)
	60歳以上	392,043	(32.6%)	67	(22.6%)	175	(38.0%)
産業	第一次産業	5,755	(0.5%)	2	(0.6%)	1	(0.2%)
	第二次産業	178,844	(15.2%)	26	(7.9%)	19	(3.6%)
	第三次産業	479,133	(40.6%)	142	(43.1%)	198	(37.7%)
	その他	17,313	(1.5%)	11	(3.3%)	36	(6.9%)
職業	ホワイトカラー	247,968	(36.4%)	111	(61.3%)	142	(58.4%)
	グレーカラー	233,532	(34.3%)	51	(28.2%)	80	(32.9%)
	ブルーカラー	182,442	(26.8%)	6	(3.3%)	11	(4.5%)
	分類不能	17,103	(2.5%)	13	(7.2%)	10	(4.1%)
	主婦	224,474	(19.0%)	92	(28.0%)	133	(25.3%)
	学生	52,219	(4.4%)	13	(4.0%)	20	(3.8%)
	無職	221,897	(18.8%)	43	(13.1%)	118	(22.5%)

注：カッコ中の割合に関する表記は，小数点第2位以下を四捨五入している。

のp値はそれぞれ0.021と0.001（Fisherの直接法）であり，調査方法によって職業構成，産業構成には有意な差が認められた。ただし，主婦（家事従事者）とホワイトカラーの割合が大きく，ブルーカラーの割合が小さくなる傾向は，郵送調査とインターネット調査で共通しており，この傾向はインターネット調査でより顕著である。

■3-3 抵抗回答率の検討

まず，データ収集方法（インターネット調査と郵送調査）別に抵抗回答の割合をみてみると，インターネット調査回答者329名のうち抵抗回答は33名（10.0%），郵送調査回答者536名のうち抵抗回答は71名（13.2%）であった（表6-1）。そこで，データ収集方法と抵抗／正常回答との関係を検討してみると，p値（Fisherの直接法，両側）は0.163であり，両者に有意な関連性は認められなかった。

次に，居住地別に抵抗回答の割合をみてみる。すると，都心4区内居住者197名

のうち抵抗回答は 24 名（12.2%），都心 4 区外居住者 660 名のうち抵抗回答は 77 名（11.7%）であった。ここでも同様に居住地と抵抗／正常回答の関係を検定したところ，両者に有意な関連性は認められなかった（p 値＝0.900）。

ただし，インターネット調査における計画標本の抽出では，データの制約から，性別と年齢階級のみしか考慮されていない。つまり，他の個人属性も同時に考慮した分析も必要である。そこで，調査で得られた回答者の社会経済属性や居住地属性の違いを含めて，従属変数を *Protest* とする二項ロジスティック回帰分析を行なった。変数選択では 3-1 で示した変数を独立変数とし，独立変数の係数の p 値が 0.050 以下になるようモデルを検討した（変数増加法ステップワイズ）。しかし，5%水準で有意となる変数はも得られず，被験者の社会経済属性や地理的属性を同時に考慮した場合でも，データ収集方法や居住地の違いからは抵抗回答率に有意な差は認められなかった。

4 データ収集方法が WTP に与える影響

■4-1　WTP 関数の推定結果

データ収集方法は抵抗回答率とは統計的に有意な関連性が認められなかったため，以下の分析では通常の CVM の分析手順に基づきシナリオに抵抗した 104 の抵抗回答を削除したサンプルによる分析を行なう。つまり，329 のインターネット調査回答者のうち 296 の正常回答と，536 の郵送調査回答者のうち 465 の正常回答（合計 761 の正常回答）を分析に利用することにした。

ここでは，回答者の社会経済／居住地属性の違いを含めて，WTP を従属変数とするグループデータ回帰モデルを検討した。グループデータ回帰モデルは，logWTP を予測する線形モデルの形式をとるが，支払カード方式に対応するように，適合の度合いを WTP の区間単位で集計して評価するモデルである。

グループデータ回帰モデルでは，WTP 関数は次のように定式化される。

$$\ln wtp_i = \alpha + \mathbf{x}_i' \boldsymbol{\beta} + \varepsilon_i. \qquad (1)$$

wtp_i は被験者 i の WTP，α は定数項，$\mathbf{x}_i$ は被験者 i に関する属性列ベクトル，$\boldsymbol{\beta}$ は $\mathbf{x}_i$ の係数パラメータ列ベクトル，ε_i は平均 0，分散 σ^2 の正規分布する

i.i.d.（independently and identically distributed：独立かつ同一な分布）の誤差項である。ここで，wtp_i は非負の値であり自然対数をとっている（寺脇 2002：37）。

支払カードにより得られる wtp_i は，$t_{li} \leq wtp_i < t_{ui}$ のように区間データとして得られる。対数変換は単調変換であり，従属変数 $\ln wtp_i$ は $\ln t_{li} \leq \ln wtp_i < \ln t_{ui}$ となる。ここで被験者 i の尤度は，

$$
\begin{aligned}
& \Pr(t_{li} \leq wtp_i < t_{ui}) \\
&= \Pr(\ln t_{li} \leq \ln wtp_i < \ln t_{ui}) \\
&= \Pr(\ln t_{li} - \alpha - \mathbf{x}_i'\boldsymbol{\beta} \leq \varepsilon_i < \ln t_{ui} - \alpha - \mathbf{x}_i'\boldsymbol{\beta}) \\
&= \Pr\left(\frac{\ln t_{li} - \alpha - \mathbf{x}_i'\boldsymbol{\beta}}{\sigma} \leq z_i < \frac{\ln t_{ui} - \alpha - \mathbf{x}_i'\boldsymbol{\beta}}{\sigma} \right),
\end{aligned}
\tag{2}
$$

と表すことができる（寺脇 2002：37；Greene 2002：R16-97）。ここで，t_{li} は wtp_i の下限値，t_{ui} は wtp_i の上限値，z_i は標準正規分布する確率変数であり，α と β は最尤法により推定される（寺脇 2002：37）。詳細は寺脇（2002：36-38），Greene（2002：E21-54, E21-55）を参照されたい。

変数選択は，データ収集方法を表す $Internet$ と社会経済／居住地属性に関わる変数（表6-2）を独立変数として利用し，これらの変数の中から，p値が0.050以上のp値の高い変数から順番に削除した。その結果，所得を表す $Income$，年齢を表す変数（$Age60$ を固定），従事している職業からブルーカラー（農林漁業作業者，生産工程・労務作業者）であることを表す $Bluecollar$ が有意な変数として採択された。なお，ここではデータ収集方法を表す $Internet$ は有意な変数とはならず，また，各独立変数間に著しい相関や高い類似性はみられなかった。

ところで，これらの変数はデータ収集方法を表す $Internet$ との交互作用効果が存在する可能性がある。そこで，これらの変数と $Internet$ との交互作用項を作成しモデルを検討した。その結果，$Internet$ と年齢（$Age30$ と $Age40$）との交互作用項に有意な関連性がみられた。ここで，交互作用効果を考慮しない主効果のみのモデルと，年齢の交互作用効果を考慮したモデルとを比較検討してみると，主効果のみ検討したモデルの AIC（赤池の情報基準量）（AIC＝2850.826, n＝629）と比較して年齢の交互作用効果を考慮したモデルの AIC（AIC＝2845.026, n＝629）の方が5.8程度低い。つまり，年齢の交互作用効果を考慮したモデルの AIC のほうが十分に低いと考えられ，

表 6-4 WTP 関数の推定結果

	係　数	t 値	p 値
定　数	7.168**	36.479	0.000
Income	0.167**	5.012	0.000
Age20	-0.301	-0.837	0.402
Age30	-0.278	-0.925	0.355
Age40	0.159	0.511	0.610
Age50	-0.419	-1.582	0.114
Age60	0.000	—	—
Internet × Age20	0.246	0.539	0.590
Internet × Age30	-0.875**	-2.354	0.019
Internet × Age40	-1.107**	-2.832	0.005
Internet × Age50	0.052	0.179	0.858
Internet × Age60	0.407	1.428	0.153
Bluecollar	-1.044*	-2.181	0.029
SD (σ)	1.844**	32.583	0.000
Log-likelihood	-1411.513		
標本数 (n)	629		

**: 1%,　*: 5%水準で有意。従属変数: WTP　SD: 標準偏差

　以下では年齢の交互作用効果を考慮したモデルを検討してみる (表6-4)。
　まず，30歳代〜40歳代では，年齢のみの主効果ではなく，Internet との交互作用効果を表す変数である Internet × Age30 と Internet × Age40 の p 値が 0.019 と 0.005 であり，5%水準で有意な変数となった。これら Internet × Age30 と Internet × Age40 の係数は負であり，30歳代〜40歳代では，インターネット調査の回答者は郵送調査の回答者と比較して有意に低い WTP を表明していることが示された。
　次に，p 値が 0.000 であった Income の係数の符号は正である。このことは，世帯年収の高い者は高い WTP を表明していることを表しており，所得水準に基づく相対的な負担度の違いから，家計の支払い能力が表明する WTP の額を規定しているものと考えられる。
　さらに，p 値が 0.029 であった Bluecollar の係数の符号は負であり，ブルーカラーはそうでない者と比較して低い WTP を表明していることを表している。総務省統計局『平成12年度国勢調査 第3次基本集計 (26京都府)』[3] 中の「教育」による

と，ブルーカラーはホワイトカラーやグレーカラーと比較して学歴が低い傾向が認められる。これに基づくと，学歴や教育水準に反映される歴史的景観復興に対する問題関心の水準が，WTP表明の高低を規定していると考えられる。

なお，上記と同じデータセットから，*WTP*を従属変数，*Internet*のみを独立変数とする強制投入法によるグループデータ回帰モデルも検討した。しかし，*Internet*の係数は負の値を示し郵送調査回答者と比較してインターネット調査回答者は低いWTPを表明する傾向はみられたものの，*Internet*の係数は有意な係数とはならなかった（係数のp値＝0.166，AIC＝2879.196，n＝629）。

■4-2 WTP関数の考察

以上の分析の結果，本研究では年齢やデータ収集方法，世帯年収，職業（ブルーカラー）が，京都の歴史的景観復興に対するWTPの表明に影響を与えていることがわかった。とりわけ本研究で主たる関心事であったデータ収集方法がWTP表明へ与える影響に着目してみると，年齢（30歳代～40歳代）と*Internet*との交互作用項がWTPに影響を与えていることがわかった。すなわち，本研究では，30歳代～40歳代に限って，住民基本台帳に基づいた郵送調査と比較してモニターによるインターネット調査で得られたWTPが有意に低かった。

労働政策研究・研修機構が実施した社会調査におけるインターネット調査利用に関する研究（本多・本川 2005）によると，インターネット調査登録モニターは高い学歴をもち，労働時間が短く，社会に対する不安や不満をもつ傾向にある。同時に，インターネット利用者では2000年国勢調査と比較して30歳代・40歳代の年齢構成比がそれぞれ2.6倍・1.3倍高く（本多・本川 2005：171-172），当該年代ではインターネット調査回答者と郵送調査回答者とでは生活スタイルや価値観が異なり[4]，このことがWTP表明に対して影響を与えている可能性を指摘できる。

また，本研究ではデータ収集方法がWTPに与える影響を考える際，京都市の空間スケールにおいて居住地が都心か郊外かによって異なるかも検討した。しかし，本研究で得られたデータからは町家などの歴史的都市景観が集中する都心4区に居

---

3) 総務省統計局・政策統括官（統計基準担当）・統計研修所ホームページ『平成12年度国勢調査 第3次基本集計（26 京都府）』〈http://www.stat.go.jp/（最終閲覧日：2007年11月9日)〉．

4) いくつかの既往研究によると，インターネット調査回答者で生活スタイルや価値観に特徴がみられる（朝日新聞社東京本社広告局営業推進部 2005；諸藤 2007）．

住しているか否かはWTPに影響を与えておらず，都市内部でのWTPの地域差は観測できなかった。

本研究における評価対象財は京都の歴史的景観であり，都心部の町並み景観に限らず周辺の丘陵部の寺社や山並みを含めると比較的遍在する財とみなすことができる。そのため，政令指定都市域のような空間スケールではWTPの地域差は見出すことが難しいものと考えられる。ただし，インターネット利用率は地方と比較して大都市で高く（総務省情報通信政策局総合政策課情報通信経済室 2007），これに伴いインターネット調査の登録モニターは大都市圏で相対的に登録数が多いとされる（本多・本川 2005：119-120）。インターネット調査によるサンプルの代表性や意識の違いは，より広域的なスケールで今後再検討する必要があろう。

■4-3　WTPの推定結果

本研究で最終的に得られたWTP関数（表6-4）から，データの収集方法別にWTPを推定した。インターネット調査データにより推定されたWTP平均値は1万2559.2円，WTP中央値は2294.7円であり，郵送調査データにより推定されたWTP平均値は1万3754.1円，WTP中央値は2513.0円であった（表6-5）。これらの推定値からは郵送調査と比較してインターネット調査で収集したデータの方がWTP平均値で1194.9円，WTP中央値で218.3円程度低い傾向がみられた。ただし，インターネット調査と郵送調査ではサンプルの属性別の構成が異なっている。そこで，郵送調査サンプルに対し，これをインターネット調査で得られたものとみなして（すなわち $Internet = 1$ として）推計されたグループデータ回帰をあてはめWTP値の平均値・中央値を求め直した。その結果，WTP平均値は1万3691.0円，WTP中央値は2501.5円となり，本来の郵送調査データによるWTP推定値と比較して，WTP平均値で63.1円（約0.459%），WTP中央値で11.5円（約0.458%）ほど低い値となった。すなわち，この推定値の差は，仮にインターネット調査回答者と郵送調査回答者とで標本の属性が同質であると仮定した場合，インターネット調査データと郵送調査データとでWTPを推定した際に生み出される可能性のある差である。

通常，政策評価で利用されるWTPの推定金額は上位2-3桁までが利用されることを考えると，この違いは十分小さいと判断できる。そのため，本研究のシナリオではインターネット調査と郵送調査のWTP表明に関する違いは比較的小さく，サンプルの属性別構成を補正すれば，実質的にインターネット調査と郵送調査はほぼ同等な便益推計を与えることがわかった。

表 6-5　WTP の推定結果

	インターネット調査	郵送調査
1 人あたり WTP 平均値	1 万 2559.2 円	1 万 3754.1 円
1 人あたり WTP 中央値	2294.7 円	2513.0 円

既往研究ではインターネット調査を活用する意義として多様な属性の回答を得る可能性に言及されるが，インターネット調査で得られたデータの偏りを考慮すべく，インターネット調査で得られたデータを分析する際に他のデータ収集方法を織り交ぜるミックス・モード（Mixed-mode designs）の調査計画も考案されている（Couper 2000；本多・本川 2005）。この観点についても，本研究ではデータ収集方法の違いによる WTP の集計値の違いは，実質的にサンプルの属性別の構成を補正することで十分小さくできる結果であった。

ただし，本研究で得られた知見はあくまでもインターネット調査データと郵送調査データの比較である。本研究における郵送調査は住民基本台帳をもとにした標本調査であるが，得られた有効回答データは国勢調査データと比較して大きな偏りがみられる（表6-3）。とくに，WTP 関数の独立変数として選択された職業 *Bluecollar* に着目してみると，国勢調査データと比較して郵送調査データではブルーカラーの割合が約 0.169 倍である。このように，低い WTP を表明する傾向のある特定の属性集団のサンプル集団に占める割合（たとえば，ここではブルーカラーの割合）が母集団に占める割合より低い場合，推定された便益は過大評価されている可能性がある。このように，標本データに属性に偏りがある場合には，母集団の属性に近似させるべく，適宜データを補正した評価が必要である。

5　仮想市場評価法への利用可能性と課題

本章では，近年，市場調査の分野でデータを収集する方法として利用が進みつつあるインターネット調査に着目し，社会調査の分野でしばしば利用される郵送調査との対比から，データ収集方法の違いが回答に与える影響を分析した。とりわけ本研究では，災害発生後における古都京都の歴史的景観復興に関わる調査データを用いて，データ収集方法の違いが歴史的景観復興に対する WTP に対して与える影響を，グループデータ回帰モデルを用いて，被験者の居住地の違いや社会経済属性などを同時に考慮し検証した。ここで得られた結果は，以下のようにまとめられる。

第一に，データ収集方法がWTPに与える影響を検討したところ，30歳代〜40歳代において，データ収集方法の違いによりWTPに差が生まれることが示された。つまり，郵送調査の回答者と比較してインターネット調査の回答者は有意に低いWTPを表明していることが明らかにされた。既往研究ではインターネット調査における標本集団は社会に対する不満が多い傾向にあるとされるが（本多・本川 2005），この影響は本研究では30歳代〜40歳代に対して確認できたことになる。同時に独立変数として検討した社会経済属性を表す変数では，所得や職業がWTPに影響を与えていることが示されたが，これらの変数のWTPへの効果では，調査方法による違いは認められなかった。

第二に，インターネット調査と郵送調査ではサンプルの属性別構成が異なるため，インターネット調査と郵送調査による実質的なWTP平均値・中央値の差を確かめるために，インターネット調査による回答者とみたてて郵送調査回答者のWTPをグループデータ回帰モデルにより推定した。その結果，実際の郵送調査回答者のWTP推定値と比較して，WTP平均値・WTP中央値それぞれでおよそ0.5%程度低いことが示された。政策評価ではWTP推定値の上位2-3桁を利用することを踏まえると，統計学的には30歳代〜40歳代のWTPの違いは有意でも，本研究のシナリオでは，データ収集方法の違いによる便益推計の違いは実質的に無いものと判断できる。ただし，データ収集方法の違いによるWTPの推定可能性に関する実証研究は未だ乏しく，データ収集方法の違いが回答に与える影響（Kaplowitz et al. 2004）の検証は今後も継続して蓄積していく必要があろう。また，回答率が比較的高かったにも関わらず，郵送調査の回答者も国勢調査と比較して大きな偏りが認められ，標本の属性別補正はインターネット調査に限らず十分な配慮が必要である。

第三に，インターネット利用率の地域差に着目し，本研究では京都市都心4区在住者か否かで，WTPの地域差の存在も検討した。しかし，本研究の対象地域である京都市レベルの空間スケールでは，地域差を見出すことができなかった。WTPの地理的な違いはCVMの妥当性を評価する上でも重要な論点であり，評価対象財にあわせた適切な空間スケール・分析単位を吟味した考察が今後も必要であろう。

コラム② 睡眠と騒音の疫学研究の場合　　埴淵知哉

　第6章では，仮想市場評価法への利用を事例として，インターネット調査によるデータ収集が従来の手法（郵送調査）を代替しうるのかを検討した。しかし社会調査を利用するテーマは多岐にわたり，それぞれにおいてインターネット調査の有用性も変わりうる。調査法が普及段階にある現在においては，さまざまなテーマを対象に，誤差の程度と傾向についての知見を蓄積する基礎研究も必要である。ここでは，「睡眠と騒音」についての検討結果を紹介してみたい（詳細は初出文献（埴淵 2016）を参照）。

　データは，2015年に実施された「健康と暮らしに関する調査」である。同調査は，日本全国に居住する20-64歳を対象として，回収標本の年齢・性別・居住地域の構成が対象母集団と等しくなるように割付設計された。テーマは健康と居住環境についてであり，とくに，睡眠と近隣騒音の関連を規定する環境要因を明らかにする目的で，不眠症状や睡眠時間，そして種類別・時間帯別の騒音認知に関する質問を多数含んでいる（調査の概要は第8章参照）。

　まず表1は，睡眠時間および不眠症状についての回答分布を示したものである。睡眠時間の分布で最も多いのは6-7時間未満であり，5-8時間未満で全体の8割以上を占める。一方で5時間未満と8時間以上もそれぞれ1割近くを占めている。これは『国民健康・栄養調査』をはじめとする各種調査の結果と比べて，類似した分布を示す結果といえる。

　次に，不眠症状についてみてみよう。「入眠困難，中途覚醒，早朝覚醒および起床時の不眠感のうち1つ以上が週に1回以上，過去1か月以上持続している場合」（兜 1999：148）という不眠症の定義を参考に，過去1カ月間に「よくあった」という回答をそれぞれの症状を有するもの，いずれか1つ以上の症状を有する場合を「不眠症状あり」と定義した。その結果，入眠困難は13.8%，中途覚醒は20.7%，早朝覚醒は10.5%，熟眠困難は23.7%となり，「不眠症状あり」の回答者（不眠スコア ≥1 点）は35.7%であった。不眠症の有症率については，先行研究の間でも定義や推定値がかなり異なっているため判断が難しいものの，上記の値がとくに極端というわけではない。

　疫学研究では，有病率や有症率，罹患率などの分布を知ることだけでなく，その疾患や症状と関連する要因を明らかにする

表1　睡眠に関する回答分布

		n	%
睡眠時間	5時間未満	429	8.6%
	5-6時間未満	1,105	22.1%
	6-7時間未満	1,884	37.7%
	7-8時間未満	1,118	22.4%
	8時間以上	466	9.3%
（不眠症状）			
	入眠困難	690	13.8%
	中途覚醒	1,033	20.7%
	早朝覚醒	526	10.5%
	熟眠困難	1,184	23.7%
不眠スコア（症状の種類）	0点	3,215	64.3%
	1点	866	17.3%
	2点	422	8.4%
	3点	273	5.5%
	4点	226	4.5%

ことも重要な目的になる。そのために，変数間の関連性（さらには因果関係）を統計学的に明らかにするという目的をもつことが多い。そこで，インターネット調査データを用いた関連性の分析が，従来型調査が明らかにしてきた既知の関連性を再現できるのかどうかは，この調査方法の有効性を検討するうえで注目すべき論点の一つとなる（轟・歸山 2014）。

環境騒音への曝露の非聴覚的な健康影響として，睡眠障害は最も大きなものと考えられている（Basner et al. 2014）。日本においても，環境騒音と睡眠障害の関連性は報告されている（岸川ほか 2007；Kayaba et al. 2014）。そこで，従属変数を短時間睡眠または不眠症状の有無（二値），独立変数をうるさいと感じる騒音の種類（騒音スコア）としたロジスティック回帰分析をおこない，両者の間に有意な関連性がみられるのかどうかを確認した（表2）。ここで利用した騒音スコアは，騒音のうるささ（noise annoyance）であり，客観的な騒音そのものではないものの，騒音スコアが高いほど短時間睡眠のリスクが高く，不眠症状も訴えやすい傾向にあることが明瞭に示された。

表2　不眠症状と騒音のうるささの関連性 (n=4,987)

従属変数	独立変数（騒音スコア）	OR	95%CI
短時間睡眠	0点	Ref.	
	1-2点	1.03	(0.79-1.34)
	3-4点	1.46*	(1.09-1.96)
	5点以上	1.68**	(1.27-2.23)
不眠症状あり	0点	Ref.	
	1-2点	1.41**	(1.21-1.63)
	3-4点	1.80**	(1.51-2.15)
	5点以上	2.36**	(1.99-2.81)
入眠困難	0点	Ref.	
	1-2点	1.20	(0.96-1.51)
	3-4点	1.83**	(1.43-2.34)
	5点以上	2.87**	(2.28-3.60)
中途覚醒	0点	Ref.	
	1-2点	1.30**	(1.08-1.56)
	3-4点	1.55**	(1.26-1.91)
	5点以上	2.13**	(1.75-2.60)
早朝覚醒	0点	Ref.	
	1-2点	1.33*	(1.04-1.70)
	3-4点	1.62**	(1.22-2.15)
	5点以上	2.62**	(2.03-3.39)
熟眠困難	0点	Ref.	
	1-2点	1.47**	(1.23-1.76)
	3-4点	2.10**	(1.72-2.56)
	5点以上	2.59**	(2.14-3.15)

**: $p < 0.01$, *: $p < 0.05$, +: $p < 0.1$
注：年齢・性別・最終学歴を調整したオッズ比（OR）と95%信頼区間（CI）の値

主目的となる各変数の回答分布に先行研究との顕著な違いは認められず，また変数間の既知の関連性が示されたことから，近隣騒音と健康というテーマについて，インターネット調査を通じて収集されたデータには少なくとも探索的な目的での利用価値は十分にあると考えられる。疫学研究での利用はいまだ多くないものの，「健康と居住環境」を含む各種の関連性分析を中心に，このような基礎的知見を蓄積することで利用可能性を探っていく必要があるといえよう。

第7章
「不良回答」の処理

■ 測定精度の問題　　　　　　　　　埴淵知哉・村中亮夫・安藤雅登

> **本章の問い**
> ◎「不良回答」はどのくらいの頻度で出現するのか？
> ◎どのような回答者が「不良回答」しやすいのか？
> ◎「不良回答」は分析から除外すべきなのか？

　本章では，インターネット調査において問題視されている「不良回答」という測定精度面の課題を取り上げ，実際におこなわれたインターネット調査のデータを用いて，回答行動，回答内容，そして地理的特性などを検討する。具体的には，「不良回答」の発生頻度および各種属性との関連性，そして地理学的なテーマの分析結果への影響について分析した。その結果，「不良回答」の発生には回答時間や回答経験，年齢・性別・居住地などの各種属性が関連していることが示された。しかし，「不良回答」が分析結果に与える影響は全体として小さいため，該当する標本を一律に除外するという対処法は慎重に考える必要がある。

1　インターネット調査における「不良回答」問題

　今から数年前，「ネット調査，「手抜き」回答横行か　質問文読まずに…」という記事（朝日新聞 DIGITAL 2015 年 09 月 29 日）があり，インターネット調査におけるいい加減な回答（「不良回答」）の問題がそこで取り上げられた。そのもとになったのは，三浦・小林（2015）による実験的な研究である。同論文は，インターネット調査のモニターを対象とした Satisfice（協力者が調査に際して応分の注意資源を割こうとしない回答行動，とされる）問題に関する実験的研究であるが，質問文を読まずに回答す

る人の割合の高さが，メディア等を通じて注目を集めたのである。このような「不良回答」は，第5章で取り上げたように，インターネット調査の世界では以前から指摘されてきた問題でもある。

　そもそも，社会調査においては，回答者が本当のことを正しく回答してくれている，ということが重要な前提になる。ところが実際には，調査自体には協力するものの，十分に質問文を読まずに回答するなどして，本来の回答とは異なる選択をしたり，不備のある回答（単数回答の設問に複数○をつけるなど）をしたりするケースが生じる。こういった問題は，面接調査のように調査員が回答の場面に立ち会うことである程度対処できる。しかしインターネット調査（ウェブ調査）においては，郵送調査と同様に，調査員が回答場面に立ち会うことはできない。さらに，短時間で多くの調査に回答しようとするモニターが，質問内容を十分に理解せずに「不良回答」を増やしているのではないかという点が懸念されてきた。

　このような問題に対して，各調査会社は，登録情報と異なる回答や極端な短時間回答がなされた場合などを「不良回答」とみなして回答ケースから除外するなどの対応をとってきた。そういった試み自体は評価すべき取り組みといえるものの，誤差をゼロにすることが事実上困難であるという社会調査の性質からすれば，そういった「不良回答」の存在を前提としながら，それがどの程度，どのようなパターンで発生するのかといった基礎的な情報の蓄積や，実際の研究における分析結果への影響についても検証を進めていく必要がある。そして，地域分析への影響を考えるならば，「不良回答」発生の地理的パターンが存在するか否かという点も，調べておく価値のあるテーマになる。

　そこで本章では，特定の研究目的に沿って実際に実施されたインターネット調査の全国データを用いて，「不良回答」の問題を検討してみたい。次節以降では，調査の方法や回答者の属性を概観したうえで，「不良回答」の出現頻度とその規定要因，さらに，それを除外することによる分析結果への影響について分析を進めていく。また，ここでは全国を調査対象としたインターネット調査のデータを利用するため，第6章で検討した標本の代表性についても，全国レベルでの地理的な偏りについて補足的に評価しておきたい。

2 調査の概要と標本の特徴

■2-1 調査の概要

　本章で使用するインターネット調査データは，2014年12月17日～21日に実施した「暮らしと健康に関する調査」である。同調査の実施は株式会社日本リサーチセンターに委託し，同社が保有する「Network Panel（ネットワークパネル）」を対象としておこなわれた。同パネルの登録モニター数は367万人（2014年9月時点）であり，ウェブ広告を通じて登録モニターを募集している。登録モニターの属性については，性別が男性56.8%，女性43.2%，年齢は10代4.9%，20代20.4%，30代30.2%，40代25.1%，50代12.8%，60代以上6.5%，地域は北海道5.0%，東北5.4%，関東41.7%，甲信越・北陸5.2%，東海10.6%，関西17.3%，中国・四国6.9%，九州・沖縄8.0%となっている。同パネルの登録者数は国内のインターネット調査で最大規模であり，また，調査実施機関の日本リサーチセンターは，訪問や郵送調査による各種世論調査・市場調査の実績ももつ調査会社である。ただし，多くの調査会社はそれぞれが異なる登録モニター集団を抱えているため，本調査はインターネット調査全体（日本国内の全登録モニター）を代表するものではなく，あくまで一つの調査事例である。

　本調査の対象は日本全国に居住する20-64歳の男女個人であり，2010年国勢調査に基づいて基本属性について偏りが生じない（国勢調査と同じ構成比になる）ように考慮しつつ，回収予定標本数を1,800として設計した。具体的には，年齢（5歳階級），性別（男女），地方（8地方ブロック）についての登録属性に基づき，事前調査アンケートを5,000人に配信したうえで，さらに設計した配分数を考慮して本調査への回答が依頼された。今回は，回答時間が短い，自由回答に不適切な回答がある，登録属性情報に照らして虚偽があるなどのデータを，あらかじめ除外するのではなく，事後的に判断することを想定したため，その上乗せ分を含め，当初計画を一定数上回る2,097票を回収した。なお，調査協力に対しては50円分のポイントによる謝礼がおこなわれた。

　本調査の主題は，健康と居住地域環境に関する内容である。質問内容は，回答者の健康状態や騒音環境，居住地域の特性などに関するものであり，46の設問からなる。ただし，マトリックス形式の設問や，複数項目について尋ねた設問もあるため，実際の回答数はそれよりも多くなる。ウェブ上の回答画面では，基本的に1問が1ページに収められ，設問への回答後に「次へ」をクリックすることで次の設問へと

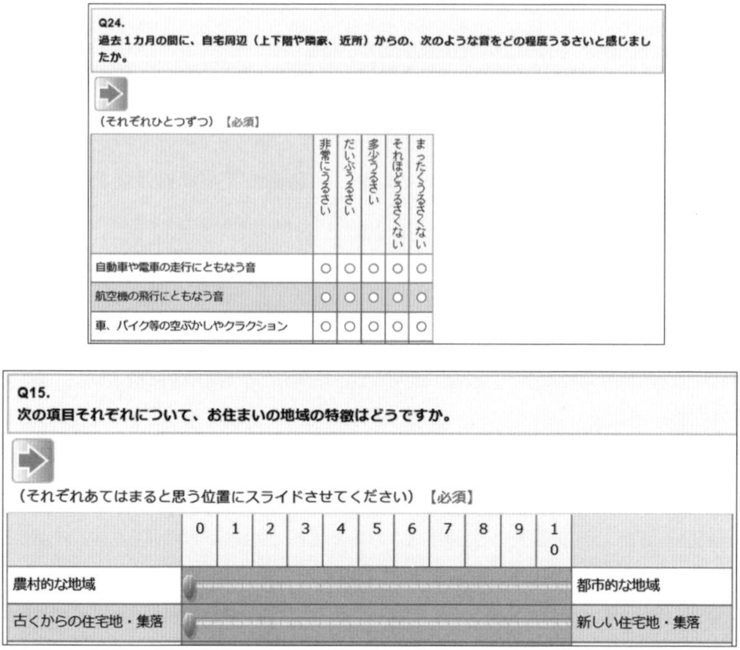

図7-1 マトリックス形式（上）およびスライダー形式（下）の例

移行する。マトリックス形式の設問では，行方向に項目，列方向に選択肢が並ぶ表形式となっており，各行につき一つずつチェックするため1ページ内で複数の回答をおこなうことになる（図7-1）。スライダー形式の設問も同様に，複数の項目が1ページ内に並び，それぞれの項目についてのスライダーを左右に動かして回答する。なお，各回答画面の初期状態では選択やチェックがなされておらず，未回答のまま次に進むことはできない（ただし，自由記述の場合を除く）。

■2-2 回収標本の分布特性

本インターネット調査によって得られた全回収標本（n=2,097）の分布は，表7-1に示したとおりである。基本属性について，国勢調査との比較が可能な項目については，構成比の差も合わせて掲載した。年齢・性別・地方については事前に層別化しているため，上乗せ回収分の誤差を除くと，国勢調査との差は基本的に生じない。その他の項目についてみると，まず住居については，本インターネット調査の回答者のほうで集合住宅の割合がやや高い。次に，居住年数に関しては一貫した偏りは

第7章 「不良回答」の処理　115

表7-1 本インターネット調査および国勢調査における回答者の属性分布

		国勢調査[a)b)]		本インターネット調査		構成比の差	不良回答割合[c)]	
		n	% (b)	n	% (a)	(a-b)	(%)	
合	計	74,968,443	100.0	2,097	100.0	0.0	7.1	
年齢	20-29歳	13,720,134	18.3	367	17.5	-0.8	10.4	
	30-39歳	18,127,846	24.2	481	22.9	-1.2	7.1	
	40-49歳	16,774,981	22.4	480	22.9	0.5	9.0	**
	50-59歳	16,308,233	21.8	476	22.7	0.9	4.6	
	60-64歳	10,037,249	13.4	293	14.0	0.6	4.1	
性別	男性	37,574,973	50.1	1,036	49.4	-0.7	8.8	**
	女性	37,393,470	49.9	1,061	50.6	0.7	5.5	
地方[d)]	北海道	3,223,639	4.3	122	5.8	1.5	4.9	
	東北	5,255,809	7.0	173	8.2	1.2	8.1	
	関東	26,080,227	34.8	668	31.9	-2.9	7.3	
	甲信越・北陸	4,728,767	6.3	151	7.2	0.9	4.6	n.s.
	東海	8,835,589	11.8	247	11.8	0.0	8.1	
	関西	12,175,859	16.2	327	15.6	-0.6	6.7	
	中国・四国	6,404,766	8.5	180	8.6	0.0	7.8	
	九州・沖縄	8,263,787	11.0	229	10.9	-0.1	7.4	
住居[e)]	一戸建て	44,696,843	60.8	1,187	56.6	-4.2	7.2	
	集合住宅	28,789,508	39.2	902	43.0	3.8	6.9	n.s.
	その他	-	-	8	0.4		25.0	
居住年数[f)]	1年未満	5,127,702	7.3	118	5.6	-1.7	8.5	
	1-5年未満	14,666,065	21.0	424	20.2	-0.8	7.3	
	5-10年未満	11,176,735	16.0	364	17.4	1.4	8.5	n.s.
	10-20年未満	14,754,713	21.1	525	25.0	3.9	5.0	
	20年以上	24,210,911	34.6	666	31.8	-2.9	7.5	
最終学歴[g)]	中学校	5,704,360	9.1	49	2.3	-6.7	16.3	
	高校	29,581,083	47.0	561	26.8	-20.2	7.0	
	短大・高専	12,057,766	19.2	240	11.4	-7.7	6.7	n.s.
	専門学校	-	-	280	13.4		7.5	
	大学・大学院	15,614,843	24.8	956	45.6	20.8	6.7	
	わからない	-	-	11	0.5		9.1	
広域中心[h)]	該当	27,838,904	37.1	875	41.7	4.6	5.8	+
	非該当	47,129,539	62.9	1,222	58.3	-4.6	8.0	

a) 全国の20-64歳に関する値。ただし、調査会社が属性の割付に用いた値は外国人人口を除いているためここで掲載した値とは若干異なる。
b) 本インターネット調査では未回答を画面制御によって防いでおり欠損値が無いため、国勢調査における「不詳」は比較のために計算から除外した。
c) 「住居」「最終学歴」はフィッシャーの正確確率検定、それ以外はピアソンの χ^2 検定を用いた（***: p < 0.001, **: p < 0.01, *: p < 0.05, +: p < 0.1, n.s.: p ≥ 0.1)。
d) この地方ブロック区分は調査会社が利用していたものに従った。
e) 国勢調査におけるカテゴリを統合して本インターネット調査に合わせた。
f) 国勢調査における「出生時から」は、「20年以上」に含めた。
g) 国勢調査については最終卒業学校の種類に基づく値であり、在学中および未就学は計算から除外した。また、国勢調査では専門学校に関する数値は高校・短大・大学に振り分けられている。本インターネット調査の項目とは分類が異なるため、比較に際して注意が必要である。
h) 広域中心に該当する都道府県は、「北海道」「宮城県」「東京都」「石川県」「愛知県」「大阪府」「広島県」「福岡県」とした。

みられず,「1年未満」「20年以上」ともに本インターネット調査のほうで割合が小さくなっている。とはいえ,これらの差は概して小さい値である。最も大きな違いは,回答者の最終学歴である。在学中の扱いや専門学校の分類が異なるため厳密な比較ではないものの,本インターネット調査のほうが明らかに「大学・大学院」の割合が高く,学歴の高い層に大きく偏っていることがわかる。この点は先行研究においても繰り返し指摘されてきた特徴であり,本調査の回答者も同様の傾向にあるといえる。

さらに,地理学では標本および回答の偏りがもたらす疑似的な地域差の問題があるため（埴淵ほか 2012a☞第1章）,本調査回答者の地理的分布についても確認しておく。Network Panel 登録モニターの地方別分布については,既述のとおり,都市的な地域（とくに「関東」ブロック）に総人口以上の集中が認められる。ただし回収標本では,このような地方による偏りは,事前の計画標本数の割り当て段階で調整されている。そこで,さらに都道府県を単位として「広域中心」という区分を作成した。これは,広域中心都市を含む都道府県を各地方ブロックから一つずつ選んだものであり,要するに地方ブロック内の都市化の水準を大まかに反映したものとみなしうる（表7-1の注を参照）。これによると,広域中心に該当する回答者が国勢調査の構成比に比べてやや多く,地方ブロック内でも都市的な地域への偏りがあることがわかる。

このことは,登録モニターの都道府県別分布によって概ね説明される。図7-2は,Network Panel 登録モニターの割合（登録モニター数を人口総数で除した値）を都道府県別に示したものである。関東などの地方ブロックレベルだけでなく,都道府県単位でみても都市的な地域において登録率が高くなる傾向がみられる。さらに年齢階級別の図をみても,この地理的な特徴は変わらない。つまり,都市部における登録率の高さは,モニター登録が多い年齢層（20-40代）の人口分布によって説明されるわけではないことが窺える。結果として,本調査における回答者の分布も,年齢階級および地方ブロックレベルで層別化したにもかかわらず,若干の地理的な偏りが生じているものと理解される。

インターネット調査の回答者が都市的な地域に偏る可能性については,先行研究においても言及されている。たとえば大隅・前田（2008）は,登録者集団の偏りとして,居住地域（登録時の所在地）が都市圏に集中することを指摘した。また,インターネット利用率には,年齢や収入といった人口学的・社会経済的特性に加えて,大都市のある都道府県を中心に利用率が高いという都市化度による差が依然として

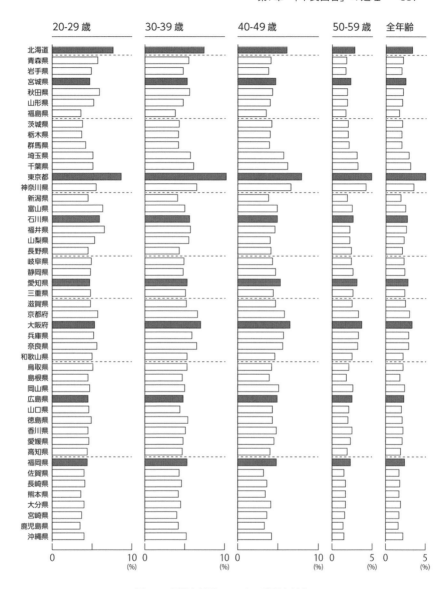

図 7-2 都道府県別のモニター登録者割合

注：モニター登録者割合は，日本リサーチセンターの Network Panel 登録者数を，国勢調査による各年齢階級の人口総数（2010 年）で除して算出。「全年齢」は 20 歳未満および 60 歳以上を含めた総数についての値。破線は地方ブロック間の境界，グレーの着色は各地方ブロック内の「広域中心」に該当する都道府県を表す。

みられる（平成25年通信利用動向調査）。登録モニターは，そもそもインターネット利用者の代表サンプルではないが，仮に近似しているとすれば，そこから無作為抽出したとしても，都市化度による偏りが生じることになる。それが大きい場合には，全体として都市部の意見が大きく結果に反映されるほか，地域分析の結果として何らかの疑似的な地域差が観察される危険性も伴う。

3 「不良回答」の特徴と分析結果への影響

■3-1 不良回答の定義と出現頻度

　続いて，本章の主たる関心事である測定誤差に関する検討を進める。ここで注目するのは，今回のインターネット調査によって得られた回答の中で，不良回答がどの程度含まれており，それはどのような回答者に多いのかということである。

　自記式調査では調査員が回答場面に介在しないため，回答が十分に考えたうえでなされたものか，そうでないのかは，事後的にしか判断できない。そこで本研究では，1ページ内に複数の選択式設問が並ぶスライダー／マトリックス形式の設問に対して，「規則的回答」を複数回おこなった場合を，便宜的に「不良回答」と定義した。具体的には，調査票に含まれるスライダー／マトリックス形式の設問を5問選び，各設問内の全項目に対して同一の回答（たとえば，「1」「1」「1」……，「3」「3」「3」……など）をおこなったケースが2問以上ある場合は，それが偶然というよりも，質問に対する十分な理解・回答がなされていないものと判断し，不良回答に分類した。

　なおここで利用した5問とは，「現在住んでいる地域の特徴」「子どもの頃に過ごした地域の特徴」「住んでみたい地域の特徴」「騒音感受性」「近隣騒音被害」である。地域の特徴に関する3問は，それぞれ，「都市化」「新しさ」「生活水準」「近所付き合い」「治安」という5項目についてスライダー形式で質問したものであり，異なる側面に対する評価・意見を尋ね，スライダーによる選択肢が11段階になっていることからも，同一回答が続く可能性は高くない。騒音感受性（Weinstein's Noise Sensitivity Scale の日本語版：Kishikawa et al. 2006）については，10項目から尺度を構成する設問であるため回答傾向には類似性が想定されるものの，10問中3問は選択肢が逆になるように設計されているため，すべて同一回答になる可能性は低い。「近隣騒音被害」については，15種類の騒音のうるささを「非常にうるさい」から「まったくうるさくない」までの5段階で尋ねており，これもすべて同一回答になるという可能性は小さいものと想定される。

表 7-2 不良回答および回答経験，回答時間の分布

		n	%	不良回答割合[a] (%)	
不良回答	非該当	1,948	92.9		
	該当	149	7.1		
回答経験	これがはじめて	86	4.1	24.4	
	1-4回くらい	123	5.9	10.6	
	5-9回くらい	99	4.7	12.1	***
	10-19回くらい	222	10.6	6.8	
	20-49回くらい	317	15.1	4.7	
	50回以上	1,250	59.6	5.8	
回答時間	短い（上位5%）	105	5.0	23.8	
	長い（下位5%）	104	5.0	7.7	***
	普通（中間90%）	1,888	90.0	6.1	

a) ピアソンの χ^2 検定を用いた（***: $p < 0.001$）。

　このような基準により定義した結果，149ケース（7.1%）が不良回答に分類された（表7-2）。もちろん，簡便な方法であるため，誤分類が相当数あることは否定できない。たとえば，ランダムに回答した場合や，同一ではない規則的回答（「1」「2」「1」「2」……といったパターン）は，ここでの不良回答には含まれない。他方で，回答結果が本当に複数回同一になった場合には，誤って不良回答とみなされてしまうことになる。ただし，上記のように同一回答が起こる蓋然性はそもそも高くないうえ，規則的回答の有無を変数とした5問の間には統計的に有意な関連性がみられた（オッズ比は 3.9-44.8 の間の値を示し，いずれも $p < 0.001$）。すなわち，ある設問に対して同一回答をする回答者は，別の設問においても同一回答をする傾向があるという点では，偶然というよりも必然的に生じた不良回答が一定数含まれているとみなしうる。なお，日本リサーチセンターが2008年に実施した実験調査では，虚偽や矛盾回答が概ね5%未満，安定性に欠ける回答が10%未満であることから（日本リサーチセンター 2014），ここで定義した不良回答の出現頻度もそれに近いものであるといえる。

■3-2　不良回答の関連要因

　次に，回答時間との関連を確認しておきたい。図7-3は回答時間を5パーセンタイル値で20区分し，不良回答が含まれる割合をグラフに示したものである。最も

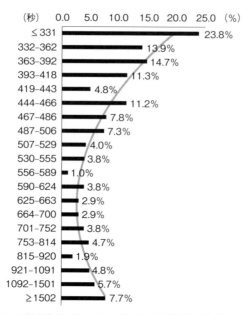

図7-3 回答時間（5パーセンタイル値による区分）別に見た不良回答割合

回答時間が短いのは331秒以内であり，5分半余りで回答を終えていることになるが，そのうち23.8%の回答者は，複数の設問に対して規則的回答を続けた不良回答に該当する。それに続く区分においても，ばらつきはあるものの概ね回答時間の短い層において不良回答の割合が高い傾向はみられる。そして，回答時間が長くなるにつれて不良回答の割合はかなり低くなるものの，逆に最も長い区分（概ね25分以上）では7.7%となり，全体平均をやや上回るようになる。全体として，回答時間が短いだけでなく長い場合も要注意であるという指摘（大隅・前田 2008）に近い結果が得られているものの，長時間回答は短時間に比べると不良回答の割合は非常に小さい。この結果に基づき，以下では回答時間を「短い（上位5%）」「長い（下位5%）」「普通（中間90%）」の三つに区分したうえで分析を進める（表7-2参照）。なお，プロ回答者集団による回答への影響を確認するために，過去1年間におけるインターネット調査への回答経験との関連についても示した（表7-2）。これをみると，実に過半数の回答者が「50回以上」の回答経験を有しており，「複数の調査会社にモニター登録して毎週調査に回答している」回答者が主流であるという先行研究の指摘（本多 2006）と整合的な結果である。ただし，不良回答の割合に注目すると，回答経験

表 7-3　回答経験と回答時間の関連

		回答時間		
		短い（上位 5%）	長い（下位 5%）	普通（中間 90%）
回答経験	これがはじめて	16.3%	8.1%	75.6%
	1-4 回くらい	9.8%	4.9%	85.4%
	5-9 回くらい	8.1%	6.1%	85.9%
	10-19 回くらい	2.7%	5.0%	92.3%
	20-49 回くらい	3.2%	4.4%	92.4%
	50 回以上	4.4%	4.8%	90.8%

の豊富な回答者においては極めて小さく，反対に「これがはじめて」とした回答者のうち 24.4%が不良回答に該当した。回答経験についての回答それ自体も一つの不良回答である可能性は排除できないものの，総じて回答経験が少ないほど不良回答割合が高いという傾向はみてとれる。

　従来，謝礼を目的としたプロ回答者集団が，短時間で多くの調査に効率的に回答しようとすることでいい加減な回答が増えることが懸念されてきた（本多 2006）。モニターは，複数の調査会社に登録していることに加えて，登録サイト数が多い人ほど謝礼目的での回答が多く，また調査への回答頻度が多くなるという傾向も示されている（大隅・前田 2008）。また，同じ対象者が繰り返し調査を経験することによる「学習効果」が，対象者の意識や行動を変化させ回答に影響を与えるという点も懸念されている（島崎 2014）。つまり，これまでの議論では，どちらかというと回答経験の「多さ」が問題視されてきたように思われるが，本章で得られた結果は，不良回答の出現率という点に限っていえば，むしろ逆である。日本リサーチセンター（2014）による実験調査でも本研究と同様の結果が得られており，プロ回答者に不誠実な回答が多いという従来想定されてきた事実は確認できなかったとしている。

　回答時間と回答経験の関連についてもみておくと，傾向としては，回答経験の少ない回答者において，短時間回答が多いことがみてとれる（表 7-3）。ただし，回答経験が「これがはじめて」という回答者ではむしろ長時間回答の割合も高い。結果として，全体では 90%になる中間的な回答時間に該当するものが 75.6%にとどまっている。この理由については推論の域を出ないが，回答経験が少ない場合，十分に内容や質問を理解しないまま回答を進めてしまう，あるいは逆に理解に長い時間を要するということが考えられる。また，調査会社は回答内容に虚偽や不正が発覚し

た場合に配信停止などの対策を講じてきたため，結果として，継続的に調査協力している回答者には不良回答をおこなう可能性の低い層が多く残っているのかもしれない。なお日本リサーチセンター（2014）は，5社以上にモニター登録し，週14回以上回答している「ヘビー層」（プロ回答者）において回答時間がやや短い傾向を報告しているが，上述のとおり，それは不誠実な回答と結び付いているわけではない。

　ところで，不良回答の割合には，年齢や性別によっても有意な差を確認できる（表7-1）。つまり，若年層は高齢層よりも，そして男性は女性よりも，不良回答の割合が高くなっている。また，広域中心都市を含む都道府県のほうが不良回答の割合が低いという地域差もみられる。このような属性による差と，上述の回答経験・回答時間による差は相互に関連している可能性があるため，それぞれの独立した効果を確認しておく必要がある。というのも，調査会社によっては短時間回答の標本を除外する措置を講じているが，もし若年男性がウェブ上での回答画面操作に慣れている等の理由で，不良回答とは無関係に回答時間が短いだけであれば，結果として本来含まれるべき若年男性の標本が除外されることになる。このような属性による差も踏まえて，不良回答の関連要因を考えるために，ここでは不良回答の有無を被説明変数，二変量間の関連が有意または有意傾向であった年齢，性別，広域中心，回答経験，回答時間を説明変数としたロジスティック回帰モデルを検討した（表7-4）。

　モデル1は，年齢と性別のみを説明変数とし，モデル2では回答経験と回答時間を追加投入した。モデル3ではさらに地理的変数として広域中心を投入し，最終モデルとした。結果として，これら五つの変数は，それぞれが不良回答の出現に対して独立した関連性を有することが示された。若年層，男性，回答経験の少なさ，回答時間の短さ，そして広域中心に該当しないことが，それぞれ不良回答を高めると解釈される。ただし，モデル1と2を比較すると，年齢の効果は小さくなっており，若年層における不良回答の多さは部分的に回答経験および回答時間によって説明されることがわかる。最終モデルでは，回答経験「これがはじめて」（オッズ比 = 4.60, 95%信頼区間：2.58–8.19），および，回答時間「短い」（オッズ比 =3.37, 95%信頼区間：2.00–5.69）においてとくに高いオッズ比を示す。広域中心に該当する都道府県のオッズ比は 0.67（0.46–0.96）であり，都市的な地域の回答者において不良回答の可能性が小さくなることを示唆する。

■3-3　不良回答の影響

　このような不良回答が回収標本に含まれていた場合，そのデータから導き出され

表 7-4 不良回答の関連要因に関する分析結果

		モデル 1		モデル 2		モデル 3	
		オッズ比	95%信頼区間	オッズ比	95%信頼区間	オッズ比	95%信頼区間
年齢	20-29 歳	2.73**	(1.40-5.34)	1.91+	(0.95-3.81)	1.91+	(0.95-3.82)
	30-39 歳	1.77+	(0.90-3.48)	1.34	(0.67-2.68)	1.35	(0.68-2.70)
	40-49 歳	2.30*	(1.19-4.44)	1.93+	(0.99-3.76)	1.95*	(1.00-3.80)
	50-59 歳	1.13	(0.55-2.32)	0.99	(0.48-2.04)	1.01	(0.49-2.08)
	60-64 歳	Ref.		Ref.		Ref.	
性別	男性	1.68**	(1.19-2.37)	1.62**	(1.14-2.30)	1.61**	(1.13-2.29)
	女性	Ref.		Ref.		Ref.	
回答経験	これがはじめて			4.33***	(2.44-7.68)	4.60***	(2.58-8.19)
	1-4 回くらい			1.60	(0.84-3.02)	1.61	(0.85-3.05)
	5-9 回くらい			2.01*	(1.04-3.90)	1.98*	(1.02-3.86)
	10-19 回くらい			1.21	(0.68-2.17)	1.22	(0.68-2.17)
	20-49 回くらい			0.86	(0.49-1.54)	0.86	(0.48-1.53)
	50 回以上			Ref.		Ref.	
回答時間	短い (上位 5%)			3.35***	(1.99-5.65)	3.37***	(2.00-5.69)
	長い (下位 5%)			1.18	(0.55-2.54)	1.18	(0.54-2.55)
	普通 (中間 90%)			Ref.		Ref.	
広域中心	該当					0.67*	(0.46-0.96)
	非該当					Ref.	
定数		0.03***		0.03***		0.02***	
-2 対数尤度		1048.85		998.53		993.59	
AIC		1060.85		1024.53		1021.59	
Cox-Snell R^2		0.01		0.04		0.04	
Nagelkerke R^2		0.03		0.09		0.10	
n		2,097		2,097		2,097	

***: $p < 0.001$, **: $p < 0.01$, *: $p < 0.05$, +: $p < 0.1$

る分析結果にはどのように影響があるのだろうか。もし、不良回答を識別・除外することが分析結果を大きく変える(たとえば何らかの変数間の関連性に対する検出力を高める)というようなことがあれば、データクリーニングの一つとして不良回答の識別・除外を慎重に検討する必要が出てくる。ここでは、全標本を用いた分析と比較して、不良回答を除外した標本のみ、また、短時間回答を除外した標本のみでの分析から得られた結果が異なるのかどうかを確認する。

分析として、地理学の対象としても考えやすい「近所付き合い」を被説明変数とした回帰モデルを例に用いた。近年では、近所付き合いは居住地域の社会関係資本の一種とみなされることもあり、その規定要因に対する研究関心の高まりがみられる (Hanibuchi et al. 2012)。ここでの分析モデルは、近所付き合いの程度を 1 (「互いに相談したり日用品の貸し借りをするなど、生活面で協力しあっている」と「日常的に立ち話しをする程度のつきあい」) および 0 (「あいさつ程度の最小限のつきあい」と「つき

表 7-5　近所付き合いの関連要因に関する分析結果の比較

		全サンプル		不良回答除外		短時間回答除外	
		オッズ比	95%信頼区間	オッズ比	95%信頼区間	オッズ比	95%信頼区間
年齢	20-29歳	0.21***	(0.15-0.30)	0.22***	(0.15-0.32)	0.19***	(0.13-0.28)
	30-39歳	0.24***	(0.18-0.34)	0.24***	(0.17-0.34)	0.25***	(0.18-0.35)
	40-49歳	0.35***	(0.26-0.48)	0.34***	(0.25-0.48)	0.36***	(0.26-0.50)
	50-59歳	0.54***	(0.40-0.73)	0.56***	(0.41-0.76)	0.55***	(0.40-0.74)
	60-64歳	Ref.		Ref.		Ref.	
性別	男性	0.77**	(0.63-0.94)	0.75**	(0.61-0.92)	0.78*	(0.63-0.95)
	女性	Ref.		Ref.		Ref.	
世帯人数	(連続)	1.35***	(1.25-1.46)	1.35***	(1.24-1.46)	1.36***	(1.25-1.47)
広域中心	該当	0.80*	(0.65-0.98)	0.81+	(0.66-1.01)	0.80*	(0.65-0.99)
	非該当	Ref.		Ref.		Ref.	
都市化度 [a]	(連続)	0.95**	(0.92-0.99)	0.94**	(0.91-0.98)	0.95**	(0.91-0.98)
定数		0.76		0.81		0.77	
-2 対数尤度		2382.47		2219.38		2266.64	
Cox-Snell R^2		0.08		0.08		0.08	
Nagelkerke R^2		0.11		0.11		0.11	
n		2,097		1,948		1,992	

***: $p < 0.001$, **: $p < 0.01$, *: $p < 0.05$, +: $p < 0.1$
[a]「現在住んでいる地域の特徴」を農村的 (1点) から都市的 (11点) まで 11 段階で評価した値。

あいはまったくない」) の二値に分類して被説明変数とし，五つの説明変数を投入したロジスティック回帰モデルである。推定結果は表 7-5 に示したとおりであり，近所付き合いは高齢，女性，多人数世帯，非広域中心，農村的地域でより多くなるという，一般に理解しやすい結果が得られた。

そして，この分析結果については，不良回答あるいは短時間回答の標本を除外した場合でも，オッズ比や信頼区間，有意性検定の結果に大きな違いはみられない。その理由としては，そもそも除外した標本数が多くない (それぞれ全体の 7% および 5% 程度) ため，分析結果に影響するほどの差が表れにくいという点が考えられる。また，今回はあくまで五つのスライダー／マトリックス形式の設問のみを対象に不良回答を定義しているため，標準的な単一回答の設問などでは，適切に質問文を読んで回答しているケースも十分にありうる。結果的に，不良回答や短時間回答と判断された標本を除外しても，分析結果を大きく変えるほどの違いはみられなかったものと考えられる。

なお補足的な分析として，表 7-6 には，除外基準 (短時間回答の場合) の変化による分析結果への影響を並べて示した。つまり，表 7-5 と同様の分析を，回答時間の短い標本から順番に除外していった場合，分析結果がどのように変化するのかを表

表 7-6 短時間回答標本の除外による分析結果の変化（20 標本単位で除外）

分析標本数[a]			2,097	2,077	2,056	2,036	2,018	1,999	1,978	1,959	1,938	1,916	1,895
不良回答数			149	141	136	133	131	125	123	118	115	111	109
不良回答割合			7.1	6.8	6.6	6.5	6.5	6.3	6.2	6.0	5.9	5.8	5.8
平均値	近所付き合い		0.30	0.30	0.30	0.30	0.30	0.30	0.30	0.30	0.30	0.30	0.30
	年齢[b]		3.93	3.94	3.95	3.96	3.96	3.97	3.98	3.99	3.99	4.00	4.01
	性別[c]		1.51	1.50	1.51	1.51	1.51	1.51	1.51	1.52	1.52	1.51
	世帯人数		2.83	2.84	2.83	2.83	2.82	2.82	2.82	2.81	2.81	2.81	2.81
	広域中心[d]		1.58	1.58	1.58	1.58	1.58	1.58	1.58	1.58	1.59	1.59	1.59
	都市化度		6.53	6.53	6.53	6.54	6.54	6.54	6.54	6.53	6.53	6.52	6.52
オッズ比	年齢	20-29歳	0.21	0.20	0.20	0.20	0.19	0.19	0.19	0.19	0.18	0.19	0.19
		30-39歳	0.24	0.25	0.25	0.25	0.25	0.25	0.25	0.24	0.24	0.24	0.24
		40-49歳	0.35	0.35	0.35	0.35	0.36	0.36	0.35	0.35	0.35	0.34	0.35
		50-59歳	0.54	0.54	0.54	0.54	0.54	0.54	0.55	0.54	0.54	0.54	0.54
	性別	男性	0.77	0.76	0.76	0.76	0.76	0.78	0.76	0.76	0.77	0.77	0.75
	世帯人数	（連続）	1.35	1.36	1.35	1.36	1.36	1.36	1.36	1.37	1.37	1.37	1.37
	広域中心	該当	0.80	0.80	0.79	0.79	0.79	0.80	0.81	0.81	0.81	0.81	0.81
	都市化度	（連続）	0.95	0.95	0.95	0.95	0.95	0.95	0.95	0.94	0.94	0.95	0.95
擬似決定係数	Nagelkerke R^2		0.11	0.11	0.11	0.11	0.11	0.11	0.11	0.12	0.12	0.12	0.12

a) 回答時間が同じケースがあるため、厳密に 20 標本単位での減少にはならない。
b) 20-29 歳 = 2, 30-39 歳 = 3, 40-49 歳 = 4, 50-59 歳 = 5, 60-64 歳 = 6 とした場合の平均値。
c) 男性 = 1, 女性 = 2 とした場合の平均値。
d) 該当 = 1, 非該当 = 2 とした場合の平均値。

したものである。ここでは 20 標本ずつ減少させた場合について、最大で約 200 標本（全体の約 10%）まで除外した結果を示した。短時間回答標本を除外していくと、確かにそれに伴って不良回答割合は徐々に小さくなっていく。しかし、各種変数の平均値や、オッズ比（関連性）にはほとんど変化がみられない。例外的に、年齢のみ一貫した変化を示しており、これは若年層の回答時間が短いことを反映したものであるが、年齢と近所付き合いの関連性については一貫した分析結果が得られている。

4 研究利用に向けての留意点

4-1 標本の地理的な偏りについて

今回の調査では、あらかじめ年齢・性別・地方の構成を比例割付して回答を集めたものの、先行研究でも指摘されてきた学歴の偏りなどがあらためて確認された。インターネット調査における登録モニター集団には増減・入れ替わりがあるため、標本の偏りについて継続的に情報を蓄積していく必要があるだろう。とはいえ、インターネット人口が増加しても、登録モニターがどのような集団を代表しているの

かという根本的な問題が十分に明らかでない以上，標本の代表性については依然として不透明な部分が多い。したがって，現状では探索的な調査方法と位置付け，得られた分析結果を慎重に解釈していくことが妥当な利用法であると考えられる。

なお，確率的に標本を抽出しておこなう「非公募型」調査は，調査方式はウェブ形式であるものの調査対象は従来型調査と同じであり，代表性という点で優れている。公募型と非公募型を比較した樋口ほか (2012) は，社会調査においては非公募型モニターの利用が望ましいことを示唆しており，今後の利用事例の積み重ねが待たれる。

地理的な側面については，地方ブロックによる層別化を実施したとしても，都市化の度合いによって回収標本数や不良回答の出現率が異なることが示された。回収標本の偏りについては，都市的地域において登録モニター数がそもそも多いことや，その背景としてのインターネット利用率の地域差が理由に挙げられよう。対応策として，計画標本数が多い場合には，都道府県または市町村単位の都市化度によって層別化を図るという選択肢が考えられる。不良回答の差を生む理由は今のところ不明であるものの，たとえば情報リテラシーの地域差がここに反映されている可能性などが考えられる。この差は，他の属性のそれ（たとえば学歴による標本の偏りや，回答時間による不良回答の割合）に比べると大きくはないものの，都市化度およびその他の地域特性は，訪問面接調査の回収率とも関連することが報告されているため（埴淵ほか 2012a ☞ 第1章），地域特性が統計的社会調査の標本および回答にどのような偏りをもたらすのかについて，さらなる検討が必要になるだろう。

■4-2 測定誤差の軽減について

インターネット調査における測定誤差の問題について，本章ではとくに不良回答の出現に注目していくつかの分析を試みた。結果として，回答経験の少なさや，回答時間の短さが不良回答の出現と強く関連していることが示されたものの，不良回答や短時間回答の標本を除外しても，事例とした近所付き合いの要因分析において結果に大きな違いはみられなかった。では，回収データをどのように処理するのが適当であると考えればよいだろうか。

まず，今回の分析では仮に，スライダー／マトリックス形式の設問における規則的回答が多い場合を不良回答と定義した。このように定義された不良回答の出現率は，当然，質問の内容や構成によって調査ごとに異なるものとなる。調査のたびに調査者側が不良回答を設定し，好ましい標本だけを抽出することは，恣意的な基準

設定による未知のバイアスを大きくする危険性がある。理論上はそのような規則的回答も起こり得るものであり，同じ回答者が別の設問に対しては正常に回答することもあるため，一部の回答内容によって標本の有効性を判断することには問題もある。また，回答経験が極端に乏しい回答者では不良回答の出現率が高いことが示されたものの，この回答経験（とくに，複数の調査会社にまたがる場合）自体も質問により把握せざるを得ない点で，論理的な整合性に欠ける面がある。

　この点，回答時間による不良回答の識別は，回答内容そのものに依存しないという意味で，確かに一つの客観的基準を提供しているように思われる。本研究では回答時間の短い上位 5％を基準とすると，ある程度，不良回答を識別できることが示された。ただし，この 5％という基準は，あくまで本調査への回答モニターにおける値であり，異なるリソース（調査会社）間で共有できるかどうかは不明である。また，回答時間の情報を用いて不良回答をある程度識別できるとしても，「正常な回答」まで誤って除外しないことが条件になる。

　たとえるならば，短時間回答であるか否かを，不良回答かどうかを判別するための一つの検査とみなしたとき，重要なことは「偽陽性」（誤って正常な回答を不良とみなすこと）が出ないような基準を設定することである。つまり，多くの不良回答を取り除くことよりも，正常回答がそれと一緒に除外されてしまわないように注意しなければならない。今回のデータに照らして考えると，短時間回答上位 5％を基準とした場合でも不良回答割合（陽性的中率）は 23.8％に過ぎない（図 7-3）ため，該当標本を除外すれば，正常回答である 76.2％の標本が失われることになってしまう。時間の基準をさらに絞り込むことで的中率を高めることはできるものの，上位 1％を基準としても不良回答割合は 40％程度であり，過半数は正常回答である。そして，基準を厳しくすれば除外標本数が減少するため，全体として分析結果への影響は小さくなっていく。短時間回答を除外することによる分析結果への影響が小さい（表 7-5，表 7-6）ことも考慮すると，少なくとも今回の調査データに関しては，回答時間や回答経験によって標本を除外する積極的な理由は無いように思われる。

　もちろん，この値は今回定義した不良回答についてのものであり，定義によって異なる数値が導き出される点には注意が必要である。ただし，短時間回答を除外するという処理は，すでに多くの調査会社によって提供されている。このような，回答行動のトラッキングによる不良回答の識別は，インターネット調査独自の測定誤差縮小への取り組みと考えられるものの，その妥当性については検討の余地があるといえるだろう。不良回答をおこなう回答者とそれ以外の線引きが容易であり，不

良回答者がすべての設問に対して不良回答をおこなうということであれば，そのような標本の除外を検討すべきである。しかし，実際の回答においては設問によって正常／不良が変わりうるし，線引きは曖昧にならざるを得ない。そのような状況においては，未知のバイアスを大きくしかねない回答除外には慎重であるべきであろう。

第8章
住所情報の収集
■ 地理情報の問題 　　　　　　　　　　　　　埴淵知哉・村中亮夫

> **本章の問い**
> ◎インターネット調査で「住所」を把握できるのか？
> ◎住所情報提供の応諾率は回答者の属性によって異なるのか？
> ◎住所情報提供の諾否は分析結果に影響するのか？

　本章では，インターネット調査による詳細な地理情報付き個票データの収集と，そのデータの研究利用の可能性を探る。調査の結果，過半数の対象者は住所情報の提供を応諾したものの，応諾率は学歴をはじめとする回答者の属性によって異なることが示された。しかし，主観的健康感を事例とした個人レベルの分析では，住所情報提供の諾否にかかわらず類似の分析結果が得られた。また，従来型調査による全国代表標本の分析結果とも類似していた。地域レベルの分析に関しては，明確な結論には至らなかったものの，大きな地域差をもつ現象や出来事の地理的分布を対象とする場合には，一定の有用性が示唆された。

1 地域調査としてインターネット調査が抱える欠点

　地理学の立場からみて，インターネット調査が従来型の調査と大きく異なるのは，調査対象者の住所を知ることなく調査ができてしまう点にある[1]。これは，サイバースペースで調査が完結するインターネット調査の特徴であるものの，地理学（お

---

1) ただし，モニター登録に際しては住所を入力することが一般的であり，調査会社は住所を把握している場合が多いと考えられる。なお，実際の調査においても，住所をどの精度まで調査項目として認めるのかは，調査会社によって対応が異なる。

および地域分析を利用する研究分野）にとってはある種の難問となる。意識的に収集しなければ，地理的な情報を得ることができないからである。地理学研究においては，市区町村はもとより学校区や郵便番号区，町丁・字等レベル，そして立地環境や近接性の測定に際しては番地・号といった精度の情報が必要になることも少なくない。しかし，位置情報の精度が高くなればなるほど個人特定につながりやすい情報となり，住所を尋ねた場合に回答拒否が増えることが予想される。

　ここで，住所情報の欠損がランダムに発生しない場合，得られた標本は何らかの偏りを含むことになるため，分析結果を単純に一般化することは難しくなる。しかし，このような住所情報の収集に関する問題はほとんど検討されていないのが現状である。すでに本書でみてきたように，インターネット調査に対しては測定精度や代表性に関する議論が活発になされているものの，地理的な情報収集については検討が遅れているといわざるを得ない。インターネット調査において詳細な住所情報を得ることがどの程度可能なのか，また，収集された情報はどのような標本特性をもっているのか（偏りの有無と大きさ），そして，そのデータを利用した分析にはどの程度の有効性が認められるのかなどについて，基礎的な知見を蓄積していく必要がある。

　そこで本章では，インターネット調査を通じて住所情報付き個票データの収集を試み，さらにその依頼に対する諾否が当該データを用いた分析結果に何らかの差をもたらすのかどうかを検討する。具体的な論点は次の3点である。①調査対象者の属性によって住所情報提供に対する応諾・拒否の傾向が異なるかどうか，②個人レベルの統計分析において，従来型調査とインターネット調査，また住所提供の応諾群と拒否群との間で結果が異なるかどうか，そして，③地域レベルの分析において，国勢調査とインターネット調査，また住所提供の応諾群と拒否群の間で結果が異なるのかどうかを明らかにする。

2 分析に用いたデータの概要

　本章では，2015年に実施された「健康と暮らしに関する調査」[2)]のデータを検討する。同調査の実施過程および調査結果については，埴淵（2016）に詳しく記録されているが，ここでは住所情報の提供依頼に関する部分を中心に，簡単に調査概要を述べる。

　同調査は，近隣環境と健康の関連性を探る健康地理学・社会疫学研究（Diez Roux

and Mair 2010；中谷 2011b) のデータ収集を目的として企画・実施された。この研究テーマでは，回答者の近隣環境を，居住地周辺の 1km 圏（バッファ）や町丁・字等といった範囲で操作的に定義し，その地区内で測定される各種の自然・建造・社会環境と，住民の健康状態との関連性を分析するという方法がとられる（埴淵 2013b）。このような研究では，精度の高い推計をおこなううえで，番地・号レベルのような詳細な住所情報を利用できることが望ましい。そこで同調査では，調査の中で住所情報の提供を依頼し，承諾を得られた回答者にのみ記入を求めるという形式を採用した。

対象母集団は日本全国に居住する 20-64 歳の個人である。調査会社が保有する登録モニター集団から，年齢・性別・居住地域（地方ブロックおよび市郡規模）の構成が母集団と等しくなるよう目標回収数（5,000）を各セル（年齢・性別・居住地域を組み合わせたサブグループ）に割り付け（2015 年 1 月 1 日時点の住民基本台帳年齢階級別人口に準拠），必要な回収数に達した時点で調査を打ち切る，目標回収数充当法（轟・歸山 2014）によって調査を実施した。調査期間は 2015 年 9 月 25 日～10 月 8 日であり，登録モニター集団として株式会社日本リサーチセンターが保有する「Network Panel（ネットワークパネル）」を用いた[3]。

調査は，事前調査と本調査の二つの部分に分かれており，事前調査の回答を完了し，なおかつ次の二つの条件を満たした場合のみ，本調査の回答に進むことができるものとした。二つの条件とは，①番地・号レベルの住所情報の入力を承諾することと，②事前調査の回答完了時点であらかじめ設定したセルの回収予定数上限に達していないことである[4]。事前調査では，本調査の回収数割り付けに必要な年齢・性別・居住地（市区町村まで）のほか，現在の市区町村での居住年数，婚姻状態，最終学歴，主観的健康感，喫煙状況についての設問が含まれており，最後に番地・号レベルの住所情報の提供に関する諾否を尋ねた。

---

2) 第7章で利用したものと同名の調査であるが，年次が異なる別のデータである。ただし，2014 年調査（第7章で利用したデータ）は，2015 年調査（本章で利用するデータ）の予備調査として位置付けられたものであり，主要項目である騒音と睡眠をはじめ多くの共通する設問が含まれている。また，実査を委託した調査会社や調査方法についても共通部分が大きいため，多くの面で類似性がある。
3) Network Panel における登録モニターは，2015 年 7 月時点では約 550 万人（提携を含む）である。
4) 実際には，一定数の予備的な回収をおこなったため，あらかじめ設定した回収予定数とは必ずしも一致しない。

表8-1 調査項目一覧

分類	調査項目
健康	主観的健康感／慢性疾患の有無／喫煙状況／飲酒頻度／運動頻度／歩行日数・時間（通勤・通学，仕事中，買い物などの日常生活，散歩・ウォーキング，その他）／精神的健康（K6）
睡眠	睡眠時間／就寝時刻／朝型夜型／入眠障害／中途覚醒／早朝覚醒／熟眠障害／服薬（睡眠）頻度
近隣	認知的近隣環境（食料品店などの買物環境，郵便局・医療機関などの近接性，公園・緑地の近接性，バス停・駅の近接性，交通事故の危険性，犯罪の危険性，落書きやゴミの放置，近隣住民間の信頼，近隣住民間の協力）／近所付き合いの程度
騒音	騒音被害（全体）／種類別の騒音被害（自動車・電車，航空機，車・バイクの空ぶかし，人の騒ぎ声・話し声，子供の声，ペットの鳴き声，室内の足音，ドア・窓の開閉音，風呂・トイレの給排水音，洗濯機・掃除機の音，音響機器，楽器，工場・工事現場，商店・移動販売，宗教活動，その他）／種類別の騒音被害の時間帯／騒音発生への注意／騒音感受性
個人属性	年齢／性別／婚姻状態／世帯人数／同居者／最終学歴／世帯収入／就労状況／職種／住宅所有／住居形態／住居の配置／住居構造／住居面積／築年数／居住年数／移動手段／居住地

　住所情報の提供を依頼する回答画面では，調査の内容，企画者（筆頭著者の所属・氏名），実施主体（調査会社名），取得する個人情報の種類（番地・号までの住所）と利用範囲（学術的な研究），問い合わせ窓口，調査実施機関のプライバシーポリシーへのリンクを掲載し，さらに個人情報の取得と管理に関して，学術的な研究目的でのみ利用すること，情報は数値化し統計的に処理すること，個人の特定や第三者への提供はおこなわないことを明記した。このような説明に続けて，具体的な住所の記入例を示しながら，住所について「回答できる」と「回答できない」のいずれかを選択式で尋ねた。ここで「回答できる」という承諾を得た回答者のみ本調査への誘導がおこなわれ，最初に自由記述欄への住所の入力，それ以降に健康状態や自宅周辺の居住環境などに関する質問がなされた（表8-1）。なお，同調査は中京大学倫理審査委員会の承認（承認番号：2015-004）を受けて実施された。

　調査の結果，総配信数は201,219，事前調査の回収数は25,315，本調査の回収数は6,134であった[5]。以下，本章では事前調査の回答データ（n=25,315）を用いて各種の分析をおこなう。

3 住所情報提供の諾否と関連要因

　表 8-2 には，事前調査データについての回答分布と，住所情報の提供依頼に対する応諾率を示した。まず全体として，住所情報提供の応諾者数は 14,251，応諾率は 56.3%であった。この数字については比較対象が存在しないため，どのように解釈すべきか難しいものの，事前に調査企画者および調査会社が想定していたものに比べるとかなり高い値であった。その理由として考えうることを列挙すると，調査に際して企画者や調査会社の担当者の所属・氏名などを明示し，情報の利用目的や管理についての詳細な説明を付したこと，登録モニターが多くの回答経験を重ねる中で安心感を高めてきたこと，などが考えられる[6]。少なくとも，適切な調査設計を用いれば住所情報の把握がある程度は可能であるという点で，地理学研究への利用可能性を示唆する結果といえよう。

　とはいえ，半数近くは同意していないことから，住所情報の提供依頼に対する応諾者と拒否者における属性の違いを確認しておくことが重要になる。拒否が多くなったとしても，それが偏りなく発生している状況であれば，回収数さえ確保できれば分析に大きな支障はないとみなしうるからである。そもそも，インターネット調査では回答者の属性にさまざまな偏りがあることが報告されているため（本多 2006；佐藤 2009；埴淵ほか 2015 ☞第 7 章），これが住所情報の提供依頼によってどう影響を受けるのかは重要な情報となる。起こりうる調査誤差の程度と傾向について，基礎的な知見を蓄積していき，データの補正や分析結果の解釈に生かしていくことが必要であろう。

　表 8-2 に示した応諾率をみると，年齢階級が高い，性別が女性，居住地方ブロックが中国・四国または九州・沖縄，居住市郡規模が 14 大都市[7]，居住年数が短い，婚姻状態が離別・死別，そして最終学歴が大学・大学院という属性をもつ回答者において，それぞれ住所情報の提供依頼への応諾率が高いことがわかる。ただし，性

---

5) 住所情報提供への応諾率が不透明であったことなどから，通常よりも多めの予備的な回収が実施された結果，当初計画の回収数を上回った。ここから，当初計画に沿うよう予備的な標本を除外し，母集団と年齢・性別・地方・市郡規模の構成比が等しくなった 5,002 標本を分析用データとした（埴淵 2016）。なお，目標回収数充当法によるインターネット調査では，配信ではなく最終的な回収数を事前に設定するため，通常の回収率を計算することはできない。
6) 今回と同じ登録モニター集団による 2014 年の調査（埴淵ほか 2015 ☞第 7 章）では，回答経験が 50 回以上あると答えたモニターが 6 割近くを占めていた。

表 8-2 事前調査回答者の属性分布と住所記入に対する応諾率およびオッズ比

		標本数(n)	構成比(%)	応諾率(%)	オッズ比	95%信頼区間
全体		25,315	100.0	56.3		
年齢	20-29歳	4,766	18.8	52.5	1.00	
	30-39歳	6,110	24.1	53.7	0.97	(0.90-1.06)
	40-49歳	6,023	23.8	56.0	1.08+	(0.99-1.18)
	50-59歳	5,494	21.7	60.6	1.29***	(1.18-1.42)
	60-64歳	2,922	11.5	60.5	1.28***	(1.15-1.43)
性別	男性	12,421	49.1	55.6	1.00	
	女性	12,894	50.9	57.0	1.02	(0.97-1.08)
地方ブロック	北海道・東北	2,769	10.9	56.9	1.00	
	関東	8,741	34.5	54.2	0.86***	(0.79-0.94)
	中部	3,462	13.7	58.2	1.07	(0.96-1.19)
	近畿	4,940	19.5	55.6	0.95	(0.86-1.05)
	中国・四国	2,785	11.0	58.7	1.07	(0.96-1.20)
	九州・沖縄	2,618	10.3	58.7	1.06	(0.95-1.19)
市郡規模	14大都市	8,324	32.9	57.5	1.00	
	20万人以上の市	7,837	31.0	56.0	0.93*	(0.87-0.99)
	20万人未満の市	7,804	30.8	55.6	0.93*	(0.87-1.00)
	郡部(町村)	1,350	5.3	54.4	0.87*	(0.77-0.98)
市区町村の居住年数	1年未満	1,107	4.4	60.6	1.00	
	1-5年未満	3,740	14.8	61.2	1.00	(0.87-1.15)
	5-10年未満	3,094	12.2	57.0	0.82**	(0.71-0.94)
	10-20年未満	4,807	19.0	56.7	0.78***	(0.68-0.90)
	20年以上	12,567	49.6	54.1	0.71***	(0.62-0.81)
婚姻状態	はい(配偶者あり)	14,239	56.2	59.3	1.00	
	いいえ(未婚)	9,276	36.6	50.6	0.75***	(0.71-0.80)
	いいえ(離別・死別)	1,800	7.1	61.8	1.15**	(1.04-1.27)
最終学歴	中学校・高校	7,043	27.8	52.2	1.00	
	短大・高専	3,120	12.3	56.0	1.10*	(1.01-1.20)
	専門学校	3,340	13.2	55.4	1.19***	(1.10-1.30)
	大学・大学院	11,649	46.0	59.5	1.43***	(1.34-1.52)
	(わからない)	163	0.6	28.8		

***: $p < 0.001$, **: $p < 0.01$, *: $p < 0.05$, +: $p < 0.1$

別と居住地に関してはカテゴリ間で最大でも 5% 未満の差しかなく,大きな違いとはいえない.これに対して,年齢,居住年数,学歴はそれぞれ 5-10% 程度,そして婚姻状態についてはカテゴリ間で最大 10% 以上の差があり,住所情報提供の諾否と

---

7) ここでいう 14 大都市とは,札幌市,仙台市,さいたま市,千葉市,東京都特別区(23区),横浜市,川崎市,名古屋市,京都市,大阪市,神戸市,広島市,北九州市,福岡市である.都市化度による影響を考慮して設定したカテゴリであり,調査時点の政令指定都市とは一致しない.

やや強い関連がみられる[8]。

ただし，これらの各種属性は互いに関連しあっている可能性がある。たとえば，未婚者で応諾率が低いのは若年層で応諾率が低いことを反映しただけかもしれない。そこで，多変量解析によってそれぞれの独立した効果を確認した。表8-2に示したオッズ比と95%信頼区間は，住所情報提供の諾否を従属変数（応諾＝1），すべての属性を独立変数として同時投入したロジスティック回帰分析によって求められた値である[9]。オッズ比が有意に1より大きければ，他の変数の影響を考慮したうえでもなお，そのカテゴリが参照カテゴリに比べてより応諾を得やすいことを意味する。

この結果によると，性別による差は統計学的に有意でないものの，他の変数についてはすべて応諾率との独立した有意な関連を示した。まず年齢は，20-29歳を参照カテゴリとすると，50-59歳（オッズ比＝1.29）と60-64歳（オッズ比＝1.28）において応諾の見込みが高い。地方ブロックについては，北海道・東北に比べて関東在住の回答者（オッズ比＝0.86）で応諾の見込みが低い一方で，市郡規模でみると大都市よりも郡部（オッズ比＝0.87）のほうで応諾の見込みが低くなっている。居住年数については，長くなるほど応諾が少なくなる傾向が明瞭である。居住年数1年未満に比べると，5年以上の回答者は有意に応諾の見込みが小さくなり，最長の20年以上ではオッズ比が0.71となっている。婚姻状態による差はやや大きく，有配偶を参照カテゴリとした場合に，未婚で応諾の見込みが低く（オッズ比＝0.75），離別・死別の場合には逆に高くなる（オッズ比＝1.15）。最終学歴については，中学校・高校を参照カテゴリとした場合の大学・大学院のオッズ比が1.43であるなど，学歴が高いカテゴリほど応諾の見込みが高い傾向が示された。

これらの結果を説明しうる理由には，いくつかの候補が挙げられる。たとえば，都市部では集合住宅が多く，番地・号まで住所を回答したとしても個人の特定にはつながりにくいことから，抵抗感が若干小さくなった可能性が考えられる。居住年数が短い回答者は，その時点で定住意思が強くない場合が多く，結果として住所記入に対する抵抗感が相対的に小さいのかもしれない。また，未婚者の場合には一人暮らしが多く含まれると予想されることから，犯罪に対するリスク認知や警戒心が表れた可能性も考えられる。ただし，これらはあくまで推測であり，本研究で得ら

---

[8] なお，事前調査の設問では，最終学歴の選択肢が「中学校」と「高校」に分かれており，中学校と大学・大学院の間では10％以上の応諾率の差がみられた。ただしここでは，該当ケースの少なさに鑑みてカテゴリを中学校・高校としたうえで分析に利用している。
[9] 最終学歴の「わからない」は欠損値として分析から除外した。

れる情報のみで住所情報提供の要因を詳しく知ることは難しい。

しかし，ここでまず考えるべきは，住所提供の諾否が各種の個人属性および地域特性によって異なり，それがデータの偏りを生み出す可能性についてである。たとえば，都市よりも農村部で応諾を得にくい点は，都市部で調査協力が得にくい（保田 2008）という社会調査の一般的な傾向とは逆である。インターネット調査ではそもそも都市部の登録モニター数が多く，回収数も多くなりやすい（大隅・前田 2008；埴淵ほか 2015 ☞第 7 章）ことに鑑みると，住所提供依頼への都市住民の応諾率が高ければ，調査により得られる標本の地理的な偏りはさらに大きくなる[10]。また，インターネット調査では学歴の高い回答者が多いことがしばしば報告されているが（本多 2006；佐藤 2009；埴淵ほか 2015 ☞第 7 章），その中でも学歴が高ければより住所提供に応諾しやすいことから，これを本調査の回答条件とした場合，最終的な回答者はさらに大きな学歴の偏りを含むことに注意しなければならない。

このことは，得られたデータから求めた何らかの代表値や分析結果が，標本の偏りを反映したに過ぎない可能性があることを意味する。たとえば，喫煙率（回答者に占める喫煙者の割合）を日本全国あるいは部分地域について求めたとしても，その値は居住地や学歴などの偏りの影響を受けたものとなり，母集団における比率とは乖離する可能性が高い。インターネット調査を通じて住所情報を収集する際には，得られた標本にこのような偏りが含まれうることを十分に考慮したうえで，データ解析をおこなうことが必要になる。そこで以下においては，実際に何らかの分析を実施したときに，住所情報の提供依頼に対する諾否によって，結果にどのような違いがみられるのかを検討する。

4 個人および地域レベルの分析に対する調査法の違いの影響

■4-1 変数間の関連性についての個人レベル分析

登録モニター集団を標本抽出枠とするインターネット調査は，年齢や性別といった事前に母集団の構成が把握しやすい条件を考慮したとしても，学歴をはじめとして属性や意識に差がみられることが報告されている（本多 2006；佐藤 2009；埴淵ほか 2015 ☞第 7 章）。したがって，得られた標本をもとに何らかの現象の分布（喫

---

10) 今回の調査では，事前に市郡規模での割り付けを実施したため，最終的な分析サンプルにおいてはこの偏りは取り除かれる。

煙率など）を推計したとしても，そのままでは母集団のそれとずれが生じる蓋然性が高い。他方で，統計的社会調査を用いた研究の目的には，そのような回答分布それ自体ではなく，何らかの現象間の関連性や因果関係を明らかにすることも含まれる。疫学的研究を例にとると，人口集団の有病率や罹患率を把握することだけでなく，その疾病の発生と関連する要因を明らかにすることも重要な目的となる。

このような観点からは，インターネット調査によって得られたデータの変数間の関連を分析することで，従来型の調査と同様の結果を得ることができるのかどうかが注目される。仮に，関心のある二つの変数XとYがあるとして，両者の母集団での関連性が一定（たとえば単純な線形の関係）であるならば，たとえ標本におけるxとyの回答分布が偏りをもっていたとしても，関連性自体は検出可能だからである。この課題について，社会階層と社会意識をテーマとして検討したのが轟・歸山（2014）による研究である。同論文は，インターネット調査と従来型調査の比較をおこない，多くの属性・意識変数で回答分布が異なるものの，2変数間の関連は相対的に類似しており，重回帰分析の結果は両データでかなり似ていることを明らかにしている[11]。

そこで本章では，事前調査に含まれる変数のみを利用することで，応諾群と拒否群，そして従来型調査による関連性分析の結果を比較する。まず，個人レベルの分析事例としたのは，主観的健康感（SRH：Self-Rated Health）の規定要因を探る回帰モデルである。SRH は自身の健康状態に対する自己評価であり，非常に簡単な設問であるものの，死亡を含む客観的な健康状態を予測することが知られている（Idler and Benyamini 1997）。この SRH を規定する要因の一つとして，ここでは最終学歴との関連に注目する。学歴や収入，職業などによって把握される社会経済的地位とSRH との関連性は広く国際的に確認されており，「健康格差」問題として日本でも学術的・政策的関心の高いテーマである（Kawachi and Kennedy 2002；近藤 2005）。

表8-3 は，二値化したSRH（5段階評価のうち「あまりよくない」「よくない」を合わせて1，それ以外を0としたもの）を従属変数，最終学歴を独立変数としたロジスティック回帰分析の推定結果を示したものである。統制変数としては，年齢，性別，婚姻状態，喫煙状況を投入した。結果を比較すると，応諾・拒否いずれの標本におい

---

[11] 埴淵（2016 ☞コラム②）は類似の観点から，騒音と睡眠を事例としてこの点を検討したものの，住所提供の応諾群と拒否群，そして従来型調査を直接比較したものではなく予備的な分析にとどまっている。

表 8-3 主観的健康感（わるい =1）の関連要因に関するロジスティック回帰分析の結果

		応諾群		拒否群		JGSS-2010A 票	
		オッズ比	95%信頼区間	オッズ比	95%信頼区間	オッズ比	95%信頼区間
年齢	20-29歳	1.00		1.00		1.00	
	30-39歳	1.36***	(1.15-1.60)	1.34***	(1.14-1.58)	1.18	(0.67-2.07)
	40-49歳	1.76***	(1.49-2.09)	1.47***	(1.24-1.74)	1.55	(0.88-2.72)
	50-59歳	2.19***	(1.84-2.60)	1.71***	(1.42-2.06)	1.83*	(1.03-3.22)
	60-64歳	1.89***	(1.55-2.31)	1.47***	(1.17-1.84)	1.65	(0.89-3.07)
性別	男性	1.00		1.00		1.00	
	女性	1.02	(0.92-1.13)	0.93	(0.83-1.05)	0.89	(0.65-1.21)
婚姻状態	はい（配偶者あり）	1.00		1.00		1.00	
	いいえ（未婚）	1.98***	(1.76-2.22)	1.90***	(1.67-2.15)	1.52*	(1.02-2.28)
	いいえ（離別・死別）	1.62***	(1.38-1.90)	1.53***	(1.24-1.88)	1.62*	(1.02-2.56)
最終学歴	中学校・高校	1.00		1.00		1.00	
	短大・高専	0.71***	(0.60-0.83)	0.70***	(0.58-0.84)	0.74	(0.50-1.11)
	専門学校	0.84*	(0.72-0.97)	0.84*	(0.71-0.99)		
	大学・大学院	0.62***	(0.55-0.69)	0.66***	(0.58-0.75)	0.73+	(0.52-1.03)
喫煙	なし	1.00		1.00		1.00	
	あり	1.41***	(1.26-1.59)	1.23**	(1.08-1.41)	1.27	(0.93-1.74)
定数		0.10***		0.12***		0.10***	
Nagelkerke R^2		0.04		0.03		0.02	
n		14,204		10,948		1,819	

***: $p < 0.001$, **: $p < 0.01$, *: $p < 0.05$, +: $p < 0.1$

ても，最終学歴と SRH の間には統計的に有意な関連性がみられる。中学校・高校に比べると大学・大学院のオッズ比はそれぞれ 0.62 と 0.66（いずれも 0.1％水準で有意）であり，いずれの群においても学歴による健康格差の存在が確認される。統制変数についても，若年層および有配偶者において SRH が良好である点，性差がみられない点，喫煙者のほうが SRH が良くない点で共通しており，両群の分析結果は極めて類似性が高いといえる[12]。

また，表 8-3 の右列には，従来型調査による全国代表標本の分析結果として，2010 年の日本版総合的社会調査（JGSS-2010：A 票）による推定結果を示した[13]。本インターネット調査に比べると標本数が少なく統計的に有意でない変数もみられる

---

12) 交互作用項による検定の結果，5％水準で有意な違いがみられたのは年齢の「50–59歳」のみであった。なお，交互作用項とは独立変数間の組み合わせであり，ここでは応諾・拒否群をプールしたデータの回帰分析において，各独立変数と応諾／拒否を組み合わせた変数（交互作用項）を投入した。交互作用項が有意であれば，独立変数と従属変数の関連性が応諾群と拒否群で異なることを意味する。

が，概ね類似した結果であると判断できる．最終学歴については，JGSS では専門学校を含めていないためカテゴリが異なるものの，大学・大学院のオッズ比は 0.73 で有意傾向であった．他にも，年齢では 50-59 歳が最も悪く，性別は有意差がなく，有配偶者において SRH が良好である点で共通している．

このように，個人レベルの事例分析からは，先行研究により確認されてきた SRH と学歴の関連性が，インターネット調査を通じても観察できることが示された．最終学歴の回答分布そのものは，インターネット調査と従来型調査で大きく異なり，住所情報提供の諾否によっても一定割合の差がみられたものの[14]，SRH との関連性については推定結果にかなりの類似性が認められた．この結果は，インターネット調査を利用した個人レベルの分析について，一定の有効性を示唆するものといえる．近隣と健康の関連性についても，近隣環境指標を追加した個票データ分析が主流となっている[15]ことから，インターネット調査や住所提供依頼によって結果が大きく違わないことは重要な知見である．

■ 4-2　都道府県レベルで集計した地域差の分析

ここからは，地域レベルの分析に対する影響を検討する．地理学においては，個人だけでなく，地域を単位としたデータに基づいて現象の地理的な分布や関連性を明らかにすることが多い．その際に，個票データを集計することで地域の代表値（比率や平均値）を求め，それを地域レベルで定義された概念の指標とする手続きはしばしばおこなわれる[16]．たとえば，「平均所得」を地域の豊かさの指標とするようなケースである．

ここで，インターネット調査の登録モニターにおける所得分布に偏りがあるとす

---

13) 分析標本はインターネット調査に合わせて 20-64 歳に限定した．なお，公開済みデータとして最新の 2010 年版を利用したものの，本インターネット調査とは 5 年の差があることや，SRH および学歴の尋ね方や選択肢などに違いがあることから，厳密に同じ条件で比較できないという限界はある．JGSS-2010 の詳細については大阪商業大学 JGSS 研究センター（2011）に記録されている．
14) 大学・大学院の割合（20-64 歳）は，国勢調査（2010 年）＝ 24.8%，応諾群＝ 48.8%，拒否群＝ 43.1%，JGSS-2010 ＝ 26.7% となり，国勢調査と JGSS に比べてインターネット調査，とりわけ応諾群でかなり高い．ただしこれらの調査では，専門学校や在学中，中退の扱いが異なるうえ，調査時期に 5 年の差があるため厳密に同じ条件で比較した値ではない．
15) このような分析方法とその普及状況については，埴淵（2013b）に詳しい．

ると，それを集計して得られるある地域の平均所得も本来より過大または過小に推計されることになる。しかし，仮に標本全体における回答分布が母集団に比べて偏っていたとしても，その偏りが地理的に一定であれば，現象の地理的変動は同様に観察されるはずである。つまり，「xの割合」が母集団に比べて標本で20%低かったとしても，それが部分地域でも一律に20%低ければ，xの地理的分布や，他の変数yとの地理的な関連性は母集団同様に検出しうる。この点について，標本による測定値を都道府県ごとに集計した値が，応諾群と拒否群，そして国勢調査の間でどの程度類似するのかを確認してみたい[17]。

分析に用いた項目は，国勢調査 (2010年) との比較が可能な「居住5年未満割合 (市区町村)」「有配偶率」「大学・大学院割合」の3項目である。居住5年未満割合は，インターネット調査では市区町村の居住年数「1年未満」と「1-5年未満」の割合，国勢調査では5年前の常住地が「自市内他区」・「県内他市区町村」・「他県」・「国外」の割合をそれぞれ足し合わせて算出した。有配偶率は，それぞれの調査で配偶者ありの割合とした。大学・大学院割合は，インターネット調査での最終学歴が「大学・大学院」の割合（「わからない」は除外）および国勢調査の最終卒業学校の種類が「大学・大学院」の割合として求めた。国勢調査については，年齢を20-64歳に限定し，年齢および各項目の「不詳」は計算から除外した[18]。

図8-1はそれぞれの調査データによる各指標の地理的分布を示したものである。

---

16) 全国規模の標本データを部分地域に分割して集計するという手続きはしばしば便宜的におこなわれるものの，これは本来の標本抽出の目的とは異なる。部分地域に含まれる標本は，その地域を代表する標本として抽出されたものではないため，地域の代表値や地域差のみを目的とした個票データ収集をおこなうのであれば，それに応じたサンプリングを考えることができる。
17) 都道府県を単位とする理由は，個票データから地域の代表値を求める際に市区町村では標本数が少なすぎる場合が多く，逆に地方ブロックでは地域差を分析するための地域数が少なすぎるという二つの制約を考慮した結果である。ここで注目するのは，インターネット調査の個票をもとに得られた代表値から何らかの現象の地理的分布や関連性を把握できるかどうかであり，都道府県という単位は分析上の便宜的なものである。
18) 国勢調査が抱える「不詳」の問題については，第2章・第3章で論じたとおりである。近年は「不詳」の増加が目立っており，とくに学歴については不詳率が高くその地域差も大きい。本章では都道府県単位の大まかな分析であるため「不詳」は計算から単純に除外したものの，基準となるべき国勢調査のデータが必ずしも地域の「真の値」を意味しなくなりつつある点には注意が必要である。

第8章 住所情報の収集　*141*

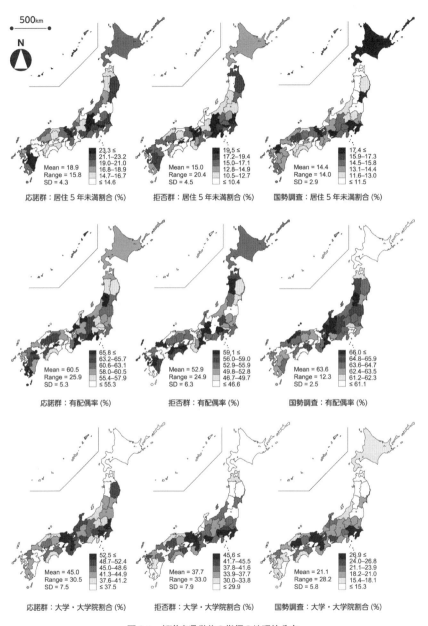

図 8-1　都道府県単位の指標の地理的分布

注：階級区分は平均±標準偏差に基づく。

表 8-4 都道府県単位の比率における調査データ間の相関係数

	応諾 - 拒否	応諾 - 国調	拒否 - 国調
居住 5 年未満割合	0.44**	0.58***	0.55***
有配偶率	-0.04	0.37**	0.07
大学・大学院割合	0.67***	0.77***	0.81***

***: $p < 0.001$, **: $p < 0.01$

表 8-5 都道府県単位の比率における指標間の相関係数

	居住 - 有配偶	居住 - 大学	有配偶 - 大学
応諾群	-0.12	0.22	-0.16
拒否群	-0.03	0.45**	0.01
国勢調査	-0.69***	0.73***	-0.42**

***: $p < 0.001$, **: $p < 0.01$

ここで目的とする相対的な地域差を表すため，階級区分には平均と標準偏差を利用した。つまり，統計地図が視覚的に似ていれば，少なくともその指標の地理的パターン自体は等しく把握できているとみなしうる。また表 8-4 および表 8-5 は，それを数量的に要約して示すための相関係数である。表 8-4 に示した値は，各指標について調査データ間の相関係数を示したものであり，地理的な「分布」が応諾群・拒否群・国勢調査の間でどの程度似ているのかを表している。これに対して表 8-5 は，各調査データ内での指標間の相関係数を示したものであり，指標間の地理的な「関連性」が応諾群・拒否群・国勢調査でどの程度似ているのかを検討するためのものである。

この結果をみると，必ずしも個人レベルの分析ほど調査データ間の結果が類似していないことが読み取れる。図 8-1 をみると，大学・大学院割合が高い地域は三大都市圏や東海道メガロポリス沿いに集中する点でデータ間の高い類似性が読み取れる。一方で，国勢調査によると居住 5 年未満割合が高い地域は大都市の所在する都道府県に点在しており，これはインターネット調査の応諾・拒否群においてもある程度当てはまるものの，対応しない地域も一定数存在する。有配偶率は，国勢調査によると中部地方を中心とした地方圏で高い地域が連続する様子が目立つのに対して，インターネット調査（とくに拒否群）ではそのような傾向がほとんど確認できない。

このような傾向は相関係数からも読み取れる。表 8-4 では，指標の地理的分布が類似していれば，相関係数は 1 に近い値をとるはずである。最終学歴については，

全体の回答分布が大きく異なるにもかかわらず，大学・大学院割合の相関係数は 0.67-0.81（いずれも 0.1%水準で有意）であり，その地理的分布は比較的よく似ているといえる。しかし，居住 5 年未満割合の場合は有意な関連性はみられるものの相関係数は 0.44-0.58 であり，中程度の相関にとどまる。そして，有配偶率については，応諾群と国勢調査の間に弱い相関がみられるものの，その他の組み合わせでは有意な相関がみられなかった。

　表 8-5 では，ある指標と別の指標との地理的な関連性（相関）について調査データ間を比較することができる。仮にすべての調査データが同様に地理的な関連性をとらえていたとすると，相関係数は応諾群・拒否群・国勢調査で近い値になるはずである。しかし，表 8-4 の結果からも予想されるとおり，調査データによって相関係数はかなり異なる値を示している。国勢調査を基準とするならば，居住 5 年未満割合と大学・大学院割合は正の相関，有配偶率と大学・大学院割合および居住 5 年未満割合は負の相関関係にある。しかし，インターネット調査のデータでは有配偶率と他の指標との相関は観察されず，居住 5 年未満割合と大学・大学院割合の間は拒否群で有意な正の相関（r=0.45）を示すものの，応諾群の値は低く（r=0.22）統計的に有意ではない。

　では，以上の結果からインターネット調査は地域レベルの分析に不向きであるといえるのだろうか。ここで，インターネット調査から得られた各都道府県の代表値は，標本誤差を含む値であることに注意しなければならない。応諾群・拒否群ともに全体では 1 万以上の標本数があるものの，都道府県ごとに分割すると少ないところは 50 未満であり，比率の標本誤差も大きくなる。この標本誤差が，母集団における指標の地域差に対してある程度大きくなると，標本から推定された指標の地域差は，いわば「真の地域差」よりも「偶然の地域差」を強く反映したものとなる。

　有配偶率の地理的分布について調査データ間で相関が低く（表 8-4），また他の指標との相関が国勢調査とインターネット調査で異なる（表 8-5）理由としては，この指標の地域差が相対的に小さく，標本誤差の影響をより強く受けたためと考えられる。実際に国勢調査データの標準偏差をみると，有配偶率は 2.5，居住 5 年未満割合は 2.9，大学・大学院割合は 5.8 であり，有配偶率の地域差が最も小さい。一方，インターネット調査による各都道府県の比率の標準誤差は，人口規模（≒標本数）の小さい都道府県では 5 を超える場合もある。したがって，標本の標準誤差に比べて母集団の標準偏差がある程度大きい最終学歴についてのみ，地域差をうまくとらえることができたものと推察される。

つまり，以上の結果はインターネット調査が地域レベルの分析に不適当であるということを必ずしも意味しない[19]。標本誤差は調査法による偏り（非標本誤差）とは別の問題であるため，都道府県ごとの標本数が増えれば相関が観察される可能性はある。結果をあえて積極的に解釈するならば，回答分布の偏りが大きい最終学歴の地理的分布がある程度把握できたことは，地域レベルの分析にも一定の利用可能性を示唆するものといえる。ただし，インターネット調査では登録モニター数の制約があるため，都道府県よりも小さい単位での利用は難しくなる。仮にある市町村に居住する全モニターに調査依頼をおこなったとしても，その地域の代表値を計算するための十分な標本数が得られない可能性があるためである。登録モニターを対象とするインターネット調査は，大量のデータを地理的に広く集めることはできても，限られた範囲の個別地域の特性把握を目的とする調査の方法としては採用しづらいといえる[20]。

5 住所情報の収集と地域分析の可能性

本章では，インターネット調査による住所情報付き個票データの収集と分析について，研究利用の可能性を探ってきた。具体的には，近隣と健康の関連性を探る目的で 2015 年に実施したインターネット調査をもとに，住所提供依頼に対する応諾群と拒否群における属性の違い，また，個人および地域レベルの分析結果における従来型調査および国勢調査との違いを比較しながら，データの有用性を検討した。

その結果，①番地・号レベルの住所記入に対する応諾率は全体で 56.3% であるものの，各種属性による差がみられ，とりわけ，インターネット調査に多く含まれる高学歴の回答者ほど応諾率が高い傾向が確認された。しかし，②学歴分布の偏りにもかかわらず，個人レベルでみた健康と学歴の関連性については，応諾・拒否群による差はほとんどなく，また従来型調査とも類似した結果が得られた。また，③都道府県を単位とした地域レベルの分析の事例からは，学歴のように母集団の地域差が大きい場合は回答分布自体の偏りにもかかわらず地域差をある程度把握できるものの，標本数の制約から確定的な結果は得られなかった。

---

19) JGSS-2010 を用いて同様の分析をおこなった場合でも，国勢調査との類似度は高くない。
20) ただし，個別地域ではなく，ある共通の特徴をもつ地域（群）という設定であれば，広く全国に分布した共通の地域から相当数の標本を得ること自体は可能である。

本研究はあくまで一つの事例報告ではあるものの，地理学におけるインターネット調査の研究利用に対して，一定の有効性を示唆するものといえる。とくに，この新しい調査手法の本質的な課題である位置情報（住所）のデータ収集に関して，ある程度の応諾率で実現可能であること，また，住所提供の諾否による個人レベル分析への影響は（少なくとも回答分布そのものの偏りほどには）大きくないと考えられることから，近隣と健康のような個票データ分析が主流となっている研究課題での利用可能性は小さくないと考えられる[21]。

　最後に，本章の限界点と残された課題を指摘しておきたい。本研究では，住所情報の提供に対する諾否を検討したものの，今回利用したデータでは事前調査の段階で居住市区町村の回答を得ているため，拒否群といっても市区町村レベルの情報提供を応諾している層に限られる。このことが応諾群と拒否群の差を過小に見せかけている可能性は否定できない。また，今回の分析はSRHや学歴といった限られた項目についての検討にとどまっている。今後は，実験的な調査も含めて，住宅の所有や形態，プライバシー意識の高さや個人情報保護に対する理解度，社会調査や学術研究に対する信頼性なども考慮して，住所情報という地理学研究にとって重要なデータの入手および利用可能性を慎重に検討していく必要がある。

---

[21] インターネット調査の標本の偏りに対しては，傾向スコアを利用した補正法なども提案されている（星野・前田 2006）。

コラム③ 住所情報のジオコーディング

埴淵知哉

　第8章（およびコラム②）で取り上げたインターネット調査は，近隣環境の健康影響を明らかにする目的で実施された。一般に，「近隣と健康」という場合の「近隣」には，徒歩圏内や 500m ～数 km 程度の範囲，または学校区や町丁・字といった地区が想定されやすい（埴淵 2013b）。ただし，同調査は，近隣と健康のなかでもとくに「近隣騒音と睡眠」に焦点を当てており，分析のためにはとくに精度の高い詳細な位置情報が必要になる。

　騒音への曝露を考える際には，音が届く範囲というのが前提となるため，航空機の騒音などを除くと，かなり狭い範囲の地域で「近隣騒音環境」を定義するのが妥当であろう。たとえば，岸川ほか（2007）は，新幹線による交通騒音・振動と睡眠妨害，メンタルヘルスの関連が，新幹線軌道から 25m 以内の居住者において生じやすいことを指摘した。したがって，町丁・字や郵便番号区では情報が不十分であり，それ以上の番地や号レベルの住所情報を利用することが求められる。

　このような観点から同調査では番号・号レベルまでの住所情報の提供を依頼し，6,134 件の回答を得た（分析用データから除外した 1,132 件も含む）。ただし，これらすべてを分析に利用できるわけではない。住所を表す文字列はそのままでは扱えないため，経緯度に変換する処理（ジオコーディングまたはアドレスマッチング）をおこなう必要がある。ジオコーディング作業に利用可能なソフトウェアは複数あり，それぞれ住所の正規化やマッチングの処理方法が異なることから，同じ住所リストを利用しても結果が完全には一致しないことが多い。回答者本人が申告する住所情報を用いる場合は，その表記方法（一部の住所情報の過不足や単純な誤字など）によってマッチングが失敗するケースも多々あり，機械的な作業のみで十分な結果を得ることは難しい。範囲が全国にまたがる場合はなおさらである。

　2015 年のインターネット調査で収集した住所情報に対するジオコーディングの結果を示したのが表1である。作業には『MAPPLE アドレスマッチングツール』を利用した。最も高い精度である住居番号／地番（子番）レベルでのマッチングに成功したのは 65.7% と全体の三分の二程度であり，残り三分の一はそれ以下の精度にとどまる。ただし，街区番号／地番（親番）は，それが事実上最高の精度である（そもそもそれ以上の表記が無い）場合があるため，これも基本的には成功とみなしうる。

　それ以下の精度は，何らかの理由によって番地・号などの数字がうまくマッチングできなかったか，あるいは入力された情報自体が不十分なケースであり，初期の作業では約 13% がこれに該当した。ここから，問題となるケースを目視し，明らかな漢字の誤入力や不要な文字の入力，市区町村名の重複入力といった理由が明確なエラーについて適宜手動で修正をおこなった。また，街区番号／地番（親番）レベルのケースについても精度が改善するものについて修正し，結果として 238 ケースを（表中では「編集（街区番号／地番（親番）レベル以上）」に該当）修正した。

表1　ジオコーディングの結果

マッチング精度	n	%
市区町村レベル	348	5.7
大字通称名レベル	19	0.3
字丁目名レベル	224	3.7
街区番号／地番（親番）レベル	1,277	20.8
住居番号／地番（子番）レベル	4,028	65.7
編集（街区番号／地番（親番）レベル以上）	238	3.9
合　計	6,134	100.0

　既述のとおり，どの精度をもってジオコーディングを「成功」とみなすのかは，その研究目的に依存する。近隣の騒音を対象とする研究では，少なくとも街区番号／地番（親番）レベル以上の精度でマッチングできたケースに限って分析に利用すべきであろう（全体の90.4%）。ただし，それ以外の分析で，たとえば国勢調査の小地域集計データとのリンケージを考える場合には，字丁目名レベルまで利用することも考えられる（全体の94.0%）。

　なお，同じ精度と判定されたケースであっても，その住所が参照する範囲の代表点の位置によって実際の居住地との誤差は異なる。とりわけ都市部と農村部ではこの誤差の大きさに違いが予想されるため，全国を対象とする場合には，都市部と農村部で標本を層別化して分析するなどの検討も必要になるだろう。

　最後に，インターネット調査における住所情報の収集についての留意点と改善案を記しておきたい。上述のとおり，今回の調査では修正後も精度が改善されず，市区町村レベルでしかマッチングしないケースが5%余り残された。その理由として多かったのは，入力された住所情報が「番地・号のみ」であり，町や字の情報が欠損していたケースである。調査回答画面では，「現在のご住所をご記入ください」という質問文に続けて，事前調査で回答済みの都道府県・市区町村名が自動で表示され，その後ろに自由記述欄が設けられそれ以降の住所を入力できるようになっていた。その入力欄の後に，「※番地・号までご記入ください」という注意書きを添えていたが，これを番地・号「のみ」と誤解して入力した回答者が一定数いたものと推測される。事前調査で尋ねた都道府県と市区町村については，あらかじめリストを作成してプルダウン形式で選択できるように設計したが，それ以下の住所に関しても，たとえば郵便番号の入力により一定レベルまで自動入力されるシステムの利用などを今後は検討すべきである。

文献一覧

青山吉隆・松中亮治・鈴木彰一　2000．CVMと顕示選好法を用いた歴史的文化財の経済的価値計測方法に関する研究．土木計画学研究・論文集 17: 247-256．

淺野敏久・金　枓哲・伊藤達也・平井幸弘・香川雄一　2013．日本におけるラムサール条約湿地に対するイメージ―インターネット調査による．広島大学大学院総合科学研究科紀要 II, 環境科学研究 8: 53-67．

朝日新聞社東京本社広告局営業推進部　2005．インターネット調査の可能性を探る―ウェブ方式の紙面調査導入．広告月報 538: 40-45．

阿部　隆　2004．就業人口減少の時代を迎えて―従業人口の地域的分布の変化と労働力状態「不詳」人口急増の影響．統計 2004年10月号, 15-22．

阿部　隆　2013．国勢調査結果の「不詳数」に係わる諸問題．統計 64(12): 51-54．

阿部智和・宇田忠司　2016．コワーキングスペースの実態調査―2014年時点の稼働データの分析．經濟學研究 66(2): 173-180．

安藤奈々恵　2009．調査会社の抱える課題．社会と調査 3: 65-71．

安藤昌代　2006．住民基本台帳法の改正と閲覧申請手続の現状．新情報 94: 27-33．

石川義孝　2005．外国人関係の2統計の比較．人口学研究 37: 83-94．

伊藤　薫　2011．統計調査における流入超過数の差異の要因について―国勢調査, 住民基本台帳人口移動報告と岐阜県人口動態統計調査の差異の検討．Review of economics and information studies（岐阜聖徳学園大学経済情報学部紀要） 12(1・2): 23-38．

伊藤達也　1985．戦後日本人人口の改算．厚生省人口問題研究所『戦後の日本人人口ならびに人口動態率改算の試み』人口問題研究所研究資料 238: 4-18．

岩井紀子・稲葉太一　2008．調査対象者に謝礼を渡すタイミングの影響．谷岡一郎・仁田道夫・岩井紀子編『日本人の意識と行動―日本版総合的社会調査JGSSによる分析』423-433．東京大学出版会．

インターネット調査に関する研究委員会　2007．『インターネット調査の品質向上に関する研究―パネル・データ・テクノロジ3つの視点から』日本マーケティング・リサーチ協会．

上田拓治　2008．『マーケティングリサーチの論理と技法（第3版）』日本評論社．

氏家　豊　2009．調査方法の変更について．社会と調査 3: 20-29．

遠藤晶久　2011．社会科学におけるコンピュータ支援型自記式世論調査の可能性―訪問型CASI調査とウェブ調査の比較．早稲田政治公法研究 98: 1-16．

大石太郎　2015．カナダの国勢調査における詳細調査票の廃止とその影響．E-journal GEO 10: 18-24．

大阪商業大学JGSS研究センター　2011．『日本版General Social Surveys 基礎集計表・コードブック JGSS-2010』．

大隅　昇　2001．電子調査, その周辺の話題―電子的データ取得法の現状と問題点．統

計数理 49: 201-213.
大隅　昇　2002. インターネット調査の適用可能性と限界―データ科学の視点からの考
　　察. 行動計量学 29: 20-44.
大隅　昇　2005. インターネット調査の何が問題か（つづき）. 新情報 92: 1-19.
大隅　昇　2006. インターネット調査の抱える課題と今後の展開. ESTRELA 143: 2-11.
大隅　昇・鳰真紀子　2012.「総調査誤差」をめぐって―ロバート M. グローヴス，ラー
　　ス ライバーグ論文「総調査誤差―過去，現在，未来―」を中心に. 日本世論調査協
　　会報 110: 18-31.
大隅　昇・前田忠彦　2007. インターネット調査の抱える課題―実験調査から見えてき
　　たこと（その1）. 日本世論調査協会報 100: 58-70.
大隅　昇・前田忠彦　2008. インターネット調査の抱える課題―実験調査から見えてき
　　たこと（その2）. 日本世論調査協会報 101: 79-94.
大友　篤　1996.『日本の人口移動』大蔵省印刷局.
大脇錠一・脇田弘久・小見山隆行・伊藤万知子・新井　亨・松本義宏・大久保八重
　　2010. インターネットリサーチの品質に関する調査研究（1）―大学生を対象とした
　　予備的考察. 流通研究 16: 43-67.
小野寺典子　2007. 世論調査における調査協力依頼状の改善―調査不能対策の一環とし
　　て. 放送研究と調査 57(2): 68-71.
金本良嗣・徳岡一幸　2002. 日本の都市圏設定基準. 応用地域学研究 7: 1-15.
兜　真徳　1999. 音によるリラクゼーションと睡眠障害. 鳥居鎮夫編『睡眠環境学』146
　　-152. 朝倉書店.
岸川洋紀・松井利仁・内山巌雄・大門信也　2007. 新幹線騒音・振動による主観的健康
　　の低下―騒音感受性を考慮した質問紙調査. 騒音制御 31: 158-165.
クレフト，I., デ＝リウー，J. 著，小野寺孝義・菱村　豊・村山　航・岩田　昇・長谷
　　川孝治訳　2006.『基礎から学ぶマルチレベルモデル―入り組んだ文脈から新たな
　　理論を創出するための統計手法』ナカニシヤ出版. Kreft, I. and de Leeuw, J. 1998.
　　Introducing multilevel modeling. London: Sage Publications.
グローヴス，R. M., ファウラーJr., F. J., クーパー，M. P., レプカウスキー，J. M., シ
　　ンガー，E., トゥランジョー，R. 著，大隅　昇監訳　2011.『調査法ハンドブック』
　　朝倉書店. Croves, R. M., Fowler Jr., F. J., Couper, M. P., Lepkowski, J. M., Singer, E.
　　and Tourangeau, R. 2004. Survey methodology. Hoboken: John Wiley & Sons.
小池司朗・山内昌和　2014. 2010年の国勢調査における「不詳」の発生状況―5年前の
　　居住地を中心に. 人口問題研究 70: 325-338.
神武直彦・関　治之・中島　円・古橋大地・片岡義明　2014.『位置情報ビッグデータ―
　　ウェアラブルコンピューティング時代を切り拓く』インプレスR&D.
古賀慎二　2011. 東京都区部における女性起業家の就業行動と意識の特徴―男性起業家
　　との比較を中心に. 立命館地理学 23: 67-80.
国勢調査の実施に関する有識者懇談会　2006. 国勢調査の実施に関する有識者懇談会
　　報告. http://www.stat.go.jp/info/kenkyu/kokusei/pdf/report.pdf（最終閲覧日：
　　2014年7月16日）

国立社会保障・人口問題研究所　2012.『日本の将来推計人口―平成 23（2011）～ 72 (2060) 年　附：参考推計　平成 73（2061）～ 122（2110）年　平成 24 年 1 月推計』
国立社会保障・人口問題研究所　2013a.『日本の世帯数の将来推計（全国推計）―2010（平成 22）～ 2035（平成 47）年　2013（平成 25）年 1 月推計』
国立社会保障・人口問題研究所　2013b.『日本の地域別将来推計人口―平成 22（2010）～ 52（2040）年　平成 25 年 3 月推計』
近藤克則　2005.『健康格差社会―何が心と健康を蝕むのか』医学書院.
酒井　隆・酒井恵都子　2007.『図解インターネットリサーチがわかる本』日本能率協会マネジメントセンター.
佐藤博樹　2009. インターネット調査の限界と有効性. SSJ Data Archive Research Paper Series 42: 133-141.
佐藤博樹　2012. 実証研究におけるデータアーカイブの役割と課題―SSJ データアーカイブの活動実績を踏まえて. フォーラム現代社会学 11: 103-112.
佐藤正広　2015.『国勢調査―日本社会の百年』岩波書店.
佐野晋平・多田隼士・山本　学　2015. 世帯調査の方法と調査世帯の性質―世帯構成, 年収, 学歴に関する比較. フィナンシャル・レビュー 122: 4-24.
市町村自治研究会監修　2007.『平成 19 年度住民基本台帳六法』日本加除出版.
篠木幹子　2010. 社会調査の回収率の変化. 社会と調査 5: 5-15.
島崎哲彦　2014. インターネット調査の国際標準化と品質の向上. ジャーナリズム＆メディア: 新聞学研究所紀要 7: 221-232.
社会調査協会編　2014『社会調査事典』丸善出版.
菅　桂太　2007. 近年の「国勢調査」日本人人口の精度に関する一考察. 人口学研究 41: 61-73.
鈴木　透　2014. 全国世帯推計の方法論的諸問題. 人口問題研究 70: 81-96.
鈴木督久　2007. 調査の終焉. 行動計量学会報 113: 1-2.
関根智江　2007. 世論調査の有効率を向上させるために―「世論調査に関する調査」から. 放送研究と調査 57(11): 90-101.
総務省編　2013.『平成 25 年版情報通信白書』日経印刷.
総務省情報通信政策局総合政策課情報通信経済室　2007.『平成 18 年通信利用動向調査の結果』27. 総務省.
総務省統計局　2012.『平成 22 年国勢調査報告　第 1 巻　人口・世帯総数』
田代志門　2014. 研究規制政策のなかの社会調査. 社会と調査 12: 5-12.
多田羅久子　1997. 被害者の観点から見た近隣騒音の現状と課題. 環境技術 26: 385-388.
田辺俊介　2003. 面接調査の欠票理由の検討―面接調査の回収率向上のための一提言. 社会学論考 24: 1-27.
谷岡一郎・仁田道夫・岩井紀子編　2008.『日本人の意識と行動―日本版総合的社会調査 JGSS による分析』東京大学出版会.
崔田知久　2008. 面接調査の現状と課題. 行動計量学 35: 5-16.
寺脇　拓　2002.『農業の環境評価分析』勁草書房.
戸所　隆　1989. 野外調査法. 高橋伸夫・溝尾良隆編『実践と応用（地理学講座 第 6

巻)』1-47. 古今書院.
轟　亮・歸山亜紀　2014. 予備調査としてのインターネット調査の可能性―変数間の関連に注目して. 社会と調査 12: 46-61.
長崎貴裕　2008. インターネット調査の歴史とその活用. 情報の科学と技術 58: 295-300.
長崎貴裕　2014. インターネット調査の問題点と今後. 統計 65: 26-31.
中谷友樹　2003. 空間的共変動分析. 杉浦芳夫編『地理空間分析』23-48. 朝倉書店.
中谷友樹　2011a.「健康な街／不健康な街」を視る―GISを用いた小地域における地理的健康格差の視覚化. 日本循環器病予防学会誌 46: 38-55.
中谷友樹　2011b. 健康と場所―近隣環境と健康格差研究. 人文地理 63: 360-377.
中谷友樹・埴淵知哉　2009. 社会調査のミクロデータとジオデモグラフィクスのデータリンケージ―JGSS累積データ 2000-2003 に基づく主観的健康感の小地域解析への適用. 日本版総合的社会調査共同研究拠点研究論文集 9: 23-36.
中谷友樹・埴淵知哉　2013. 居住地域の健康格差と所得格差. 経済地理学年報 59: 57-72.
日本リサーチセンター 2014.『インターネット調査におけるプロフェッショナル・レスポンデントの意識・行動調査』日本リサーチセンター.
野間晴雄・香川貴志・土平　博・河角龍典・小原丈明　2012.『ジオ・パルNEO―地理学・地域調査便利帖』海青社.
萩原雅之　2001. インターネット調査の現状と課題. 社会情報 11: 129-137.
長谷川公一　2008. 調査倫理と住民基本台帳閲覧問題. 社会と調査 1: 23-28.
花岡和聖　2012. 公的統計「匿名データ」を用いた小地域単位での地理空間分析の可能性―空間的マイクロシミュレーションによる地理的な合成ミクロデータの生成. 人文地理 64: 195-211.
埴淵知哉　2013a. 地理学における社会調査の利用状況と回収率の問題. 経済地理学年報 59: 169.
埴淵知哉　2013b. 近隣環境の健康影響を探る. E-journal GEO 8: 66-77.
埴淵知哉　2014. 都市における「共働空間」の現状と可能性―コワーキングスペースの研究. アーバン・アドバンス 63: 67-74.
埴淵知哉　2016. 近隣と健康に関するインターネット調査―2015年調査の概要. 国際教養学部論叢 8 (2): 17-33.
埴淵知哉・村中亮夫　2016. インターネット調査における住所情報付き個票データの利用可能性. 地理科学 71: 60-74.
埴淵知哉・中谷友樹・村中亮夫・花岡和聖　2012a. 社会調査における回収率の地域差とその規定要因―個人および地域特性を考慮したマルチレベル分析. 地理学評論 85: 447-467.
埴淵知哉・中谷友樹・花岡和聖・村中亮夫　2012b. 都市化・郊外化の度合いと社会関係資本の関連性に関するマルチレベル分析. 地理科学 67: 71-84.
埴淵知哉・花岡和聖・村中亮夫・中谷友樹　2010. 社会調査のミクロデータと地理的マクロデータの結合―JGSS-2008を用いた健康と社会関係資本の分析を事例に. 日本版総合的社会調査共同研究拠点研究論文集 10: 87-98.
埴淵知哉・村中亮夫・安藤雅登　2015. インターネット調査によるデータ収集の課題―

不良回答，回答時間，および地理的特性に注目した分析．E-journal GEO 10: 81-98.
埴淵知哉・村中亮夫・花岡和聖・中谷友樹　2011．社会調査における回収率の地域差—JGSS 累積データ 2000-2006 の回収状況データを用いた分析．日本版総合的社会調査共同研究拠点研究論文集 11: 181-192.
林知己夫　2001．調査環境の変化と新しい調査法の抱える問題．統計数理 49: 199.
林知己夫編　2002．『社会調査ハンドブック』朝倉書店．
林　英夫　2006．『郵送調査法 増補版』関西大学出版部．
林　英夫　2010．郵送調査法の再評価と今後の課題．行動計量学 37: 127-145.
樋口耕一・中井美樹・湊　邦生　2012．Web 調査における公募型モニターと非公募型モニターの回答傾向—変数間の関連に注目して．立命館産業社会論集 48: 95-102.
平松貞実　2006．『社会調査で何が見えるか—歴史と実例による社会調査入門』新曜社．
福浦裕介　2006．住民基本台帳の一部の写しの閲覧制度の改正—住民基本台帳法の一部を改正する法律．時の法令 1776: 6-21.
星野崇宏・岡田謙介編　2016．『欠測データの統計科学—医学と社会科学への応用』岩波書店．
星野崇宏・前田忠彦　2006．傾向スコアを用いた補正法の有意抽出による標本調査への応用と共変量の選択法の提案．統計数理 54: 191-206.
本多則惠　2005．社会調査へのインターネット調査の導入をめぐる論点—比較実験調査の結果から．労働統計調査月報 57(2): 12-20.
本多則惠　2006．インターネット調査・モニター調査の特質—モニター型インターネット調査を活用するための課題．日本労働研究雑誌 48: 32-41.
本多則惠・本川　明　2005．インターネット調査は社会調査に利用できるか—実験調査による検証結果（労働政策研究報告書No.17）．労働政策研究・研修機構．
益田兼房　2007．日本の文化財建造物の被災と修復に関する基礎的考察．歴史都市防災論文集 1: 97-104.
松岡亮二・前田忠彦　2015．「日本人の国民性第 13 次全国調査」の欠票分析—個人・地点・調査員の特性と調査回収状況の関連．統計数理 63: 229-242.
松田映二　2008．郵送調査の効用と可能性．行動計量学 35: 17-45.
三浦麻子・小林哲郎　2015．オンライン調査モニタのSatisfice に関する実験的研究．社会心理学研究 31: 1-12.
三隅一人・三輪　哲　2008．2005 年SSM 日本調査の欠票・回収状況の分析．三輪哲・小林大祐編『2005 年SSM 日本調査の基礎分析—構造・趨勢・方法』17-29. 2005 年SSM 調査研究会．
三輪　哲　2008．働き方とライフスタイルの変化に関する全国調査 2007 における標本特性と欠票についての基礎分析．東京大学社会科学研究所パネル調査プロジェクトディスカッションペーパーシリーズ 10: 1-17.
村中亮夫・中谷友樹　2007．SEM による歴史的景観保全に対するWTP の意識構造分析．日本地理学会発表要旨集 72: 68.
村中亮夫・中谷友樹　2009．社会調査データの収集方法が支払意思額に与える影響の検討—郵送調査とWeb 調査の比較分析．環境情報科学 38: 47-55.

村中亮夫・中谷友樹　2012．潜在的な観光客の仮想行動に着目した歴史的景観の保全による観光需要の地理的変動—京都市における事例分析．経済地理学年報 58. 336-356．

村中亮夫・中谷友樹・埴淵知哉　2011．社会地区類型に着目した花粉症有病率の地域差．GIS—理論と応用 19: 127-137．

村中亮夫・埴淵知哉・竹森雅泰　2014．社会調査における個人情報保護の課題と新たなデータ収集法．E-journalGEO 9(2): 1-11．

森岡清志編著　2007．『ガイドブック社会調査（第2版）』日本評論社．

諸藤絵美　2007．ウェブ調査の特性を探る—「食生活調査」での並行実験調査．放送研究と調査 57(2): 58-66．

保田時男　2008．低下する回収率と回収不能の要因．谷岡一郎・仁田道夫・岩井紀子編『日本人の意識と行動—日本版総合的社会調査JGSSによる分析』447-458．東京大学出版会．

保田時男　2009．JGSSにおける調査員の訪問記録の分析．日本版General Social Surveys 研究論文集 8: 79-90．

保田時男・宍戸邦章・岩井紀子　2008．大規模調査の回収率改善のための調査員の行動把握—JGSSにおける訪問記録の分析から．理論と方法 23: 129-136．

矢部直人　2014．東京都心部に居住する子どもをもつ就業主婦の生活時間—インターネットの利用が及ぼす効果の分析を中心にして．地学雑誌 123: 269-284．

山田　茂　2001．抽出速報集計結果からみた2000年国勢調査結果の精度の概況．国士舘大学政経論叢 118: 153-187．

山田　茂　2007．第1次・第2次基本集計結果からみた2005年国勢調査結果の精度の概況（1）．国士舘大学政経論叢 141: 55-84．

山田　茂　2008．第1次・第2次基本集計結果からみた2005年国勢調査結果の精度の概況（2・完）．国士舘大学政経論叢 143: 37-64．

山田　茂　2010．大都市地域における性別年齢別静態人口データの相違に関する考察．国士舘大学政経論叢 151: 109-143．

山田　茂　2011．抽出速報集計からみた2010年国勢調査結果の精度について．國士舘大學政經論叢 158: 71-95．

山田　茂　2012．2010年国勢調査が把握した大都市地域の性別年齢別人口の精度に関する考察．國士舘大學政經論叢 160: 35-67．

山田　茂　2013．世論調査の回収結果の評価基準としての国勢調査結果．日本世論調査協会報 111: 19-23．

山田　茂　2016．2015年国勢調査結果の精度について—抽出速報集計を利用した暫定的考察．國士舘大學政經論叢 28(4): 1-35．

山田文康・早川敬一・高嶺一男　2010．アンケートにおける「不良回答」の回答特性と分析結果に与える影響に関する研究．日本社会情報学会全国大会研究発表論文集 25: 249-254．

湯淺墾道　2007．公職選挙法の改正について—選挙人名簿抄本の閲覧制度の改正を中心に．九州国際大学法学論集 13 (2): 1-45．

吉川　徹　2010．拒否増加にいかに対応するか．社会と調査 5: 16-25．

吉村　宰　2001．インターネット調査にみられる回答者像，その特性．統計数理 49: 223-229.
Basner, M., Babisch, W., Davis, A., Brink, M., Clark, C., Janssen, S. and Stansfeld, S. 2014. Auditory and non-auditory effects of noise on health. *Lancet* 383: 1325-1332.
Couper, M. P. 2000. Web surveys: A review of issues and approaches. *Public Opinion Quarterly* 64: 464-494.
Cummins, S., Curtis, S., Diez-Roux, A. V. and Macintyre, S. 2007. Understanding and representing 'place' in health research: A relational approach. *Social Science & Medicine* 65: 1825-1838.
Diez-Roux, A. V. and Mair, C. 2010. Neighborhoods and health. *Annals of the New York Academy of Sciences* 1186: 125-145.
Greene, W. H. 2002. *LIMDEP Version 8.0: Econometric modeling guide*, vol 2. New York: Econometric Software.
Hanibuchi, T., Kondo, K., Nakaya, T., Shirai, K., Hirai, H. and Kawachi, I. 2012. Does walkable mean so-ciable? Neighborhood determinants of social capital among older adults in Japan. *Health & Place* 18: 229-239.
Harris, R., Sleight, P. and Webber, R. 2005. *Geodemographics, GIS and neighbourhood targeting*. Chichester: Wiley.
Idler, E. L. and Benyamini, Y. 1997. Self-rated health and mortality: A review of twenty-seven community studies. *Journal of Health and Social Behavior* 38: 21-37.
Inaba, A. 2007. Problems relating to declining response rates to social survey research in Japan: Trends after 2000. *International Journal of Japanese Sociology* 16: 10-22.
Jones, K. 1991. *Multi-level models for geographical research (CATMOG 54)*. Norwich: Environmental Publications.
Kaplowitz, M. D., Hadlock, T. D. and Levine, R. 2004. A comparison of Web and mail survey response rates. *Public Opinion Quarterly* 68: 94-104.
Kawachi, I. and Kennedy, B. P. 2002. *The health of nations: Why inequality is harmful to your health*. New York: New Press.
Kayaba, M., Ihara, T., Kusaka, H., Iizuka, S., Miyamoto, K. and Honda, Y. 2014. Association between sleep and residential environments in the summertime in Japan. *Sleep Medicine* 15: 556-564.
Kimura, Y., Saito, R., Tsujimoto, Y., Ono, Y., Nakaya, T., Shobugawa, Y., Sasaki, A., Oguma, T. and Suzuki, H. 2011. Geodemographics profiling of influenza A and B virus infections in community neighborhoods in Japan. *BMC Infectious Diseases* 11 (1): 36.
Kishikawa, H., Matsui, T., Uchiyama, I., Miyakawa, M., Hiramatsu, K. and Stansfeld, S. A. 2006. The development of Weinstein's noise sensitivity scale. *Noise & Health* 8: 154-160.
Matsuoka, R. and Maeda, T. 2015. Neighborhood and individual factors associated with survey response behavior: A multilevel multinomial regression analysis of a

nationwide survey in Japan. *Social Science Japan Journal* 18: 217-232.

McLafferty, S. L. 2003. Conducting Questionnaire Surveys In *Key methods in geography*, ed. N. Clifford and G. Valentine, 87-100. London: SAGE.

Robinson, W. S. 1950. Ecological correlations and the behavior of individuals. *American Sociological Review* 15: 351-357.

Smith, S. J. and Easterlow, D. 2005. The strange geography of health inequalities. *Transactions of the Institute of British Geographers* 30: 173-190.

あとがき

　地理学を専攻して大学・大学院を過ごした筆者（埴淵）にとって，統計とは，地域の集計データを意味するものであった。国勢調査や経済センサスなどから都道府県や市区町村別のデータを取り出して加工し，地図化し，そこから読み取れる現象の空間的パターンやそれを説明する法則性や地域性を探ることが，統計データの使い方であった。そこでは集計済みのデータが出発点であり，もとになった個票の存在や，その収集プロセスに関心を払う機会はあまりなかったように思う。

　大学院を修了したのち，疫学・公衆衛生学および社会学・社会調査法の研究プロジェクトにPDとして関わる中で，ようやく個票データの収集・分析に携わる機会を得た。そのなかで，調査誤差の問題の重要性や，それが地理学・地域分析にとっても欠かせない検討事項であることを強く意識するようになった。当時はちょうど，マルチレベル分析の普及などによって，個人（個票データ）と地域（集計データ）の情報を併せもつデータ分析が増加してきた時期でもあった。

　その後，自身が主体となって近隣環境の健康影響に関する研究を進める際に，インターネット調査を利用して地理的マルチレベルデータ（個人と地域の情報を併せもつデータ）の構築に着手することになった。必然的に，厳しい社会調査環境の中でいかにして意味のあるデータを収集できるのかを考え始め，調査法の基礎研究にも取り組むことになった。そして2017年度からは，科研費の助成を得て，インターネット調査による地理的マルチレベルデータの構築を目的とした研究プロジェクトを，本格的にスタートさせたところである。本書の著者の多くは，同研究プロジェクトにも主要メンバーとして参加し，地域と統計をめぐる方法論的諸問題を解決すべく研究を進めている。

　このように，本書は完結した研究成果ではなく，むしろ，過渡期にある調査環境の中で，著者らが試行錯誤してきた（いる）過程を広く発信・共有する目的で編まれた。そして，その試行錯誤から導き出された暫定的なメッセージは，二点に要約できる。一点目は，〈調査困難時代〉の到来による調査誤差の問題は，地域統計や地域分析にとっても無視できない，深刻な方法論的課題を突き付けているということ。そして二点目は，急速に普及してきたインターネット調査はさまざまな課題を抱えつつも，学術利用に一定の有用性をもち，その可能性をさらに追求する価値と必要

性が高いということである。

　本書の分析を通じて，社会調査のさまざまな側面において地域差の存在が認められた。従来型の社会調査における回収率（第1章）や国勢調査の「不詳」（第2章・第3章），あるいはインターネット調査についても登録モニターの分布や「不良回答」（第7章），住所情報提供の応諾率（第8章）において，地域差が存在していた。このことは，社会調査を通じて何らかの地理的な現象を把握しようとする地理学や関連分野において，「疑似的な地域差」や「疑似的な地域相関」に関する方法論的な議論が不可避であることを意味する。得られたデータに表れるのは，明らかにしたい現象の地域差や地域相関そのものなのか，それとも調査環境の地域差を反映したバイアスに過ぎないのか，表面的には区別が困難だからである。

　一方で，インターネット調査の普及によって，社会調査にも新たな可能性（そして課題）が生まれている。本書では，標本の偏りが依然として存在する点を確認しつつも，睡眠や騒音については従来型調査の全国値と大きな違いがみられないこと（コラム②）や，仮想市場評価法におけるWTP（支払意思額）の推計では既知の属性の偏りを補正すれば郵送調査に近い値が得られること（第6章），あるいは，変数間の関連性の分析において，インターネット調査と従来型調査の分析結果に大きな違いがみられないこと（第8章）などをみてきた。また，「不良回答」（第7章）や住所情報提供の諾否（第8章）によって，分析結果に深刻な違いは生じていないことも明らかになった。ここでの知見に基づけば，少なくとも探索的・補完的な位置づけとして，インターネット調査の学術利用には一定の有用性が認められる。

　社会調査の困難さが増す時代において良いデータを得るためには，調査の実務的な面も含めて，地道に取り組まなければならない課題は数多い。訪問面接調査や郵送調査における回収率向上に向けた工夫，それと連動した地理的バイアスの低減を図る取り組みなどがこれに該当しよう。他方で，技術的な変化が速いインターネット調査では，回答者の使用する機器がパソコンからスマートフォンへと急激にシフトしており，画面サイズの変更や操作方法の違いに応じた調査票の設計が重要になっている。登録モニターの固定化や数の伸び悩みが課題となる一方，非公募型のインターネット調査パネルを構築する試みや，クラウドソーシングサイトのような新たな可能性を秘めた調査法も登場している（☞コラム①参照）。

　このように課題が次々と押し寄せるなか，本書で取り上げたような調査法に関する基礎研究や議論は，地理学において活発化しているとはいえない。序章で述べたとおり，多くの研究論文において統計的社会調査を主要な方法として利用している

現状があるにもかかわらず，である。この点は，大学・大学院教育についてもおそらく当てはまる。したがって，統計的社会調査に関する理論的基礎の習得や，標本抽出・調査票設計などにおける実査上の技術の向上なども，講義や実習を通じて取り組むべき課題に挙げられよう。

　以上のような研究上，また教育上の諸課題の解決に向けて，本書がそのきっかけとなり，少しでも貢献できれば幸いである。とはいえ，既述のとおり本書は完成版ではなく問題提起を試みた中間報告であり，残された数々の課題に今後取り組んでいきたいと考えている。先に述べた筆者らの研究プロジェクトでは，これから2020年の本調査実施に向けて，調査法の基礎研究と実際の調査設計をを進めていく予定である。本書の問題意識を共有して頂ける方には，ぜひ同プロジェクトの調査にも関心をもって頂けると幸いである。

埴淵知哉

初出文献一覧

第1章
埴淵知哉・中谷友樹・村中亮夫・花岡和聖　2012．社会調査における回収率の規定要因—個人および地域特性を考慮したマルチレベル分析．地理学評論 85: 447-467．

第2章
小池司朗・山内昌和　2014．2010年の国勢調査における「不詳」の発生状況—5年前の居住地を中心に．人口問題研究 70(3): 325–338．

第3章
埴淵知哉・中谷友樹・村中亮夫・花岡和聖　2018．国勢調査小地域集計データにおける「不詳」分布の地理的特徴．地理学評論 91(1): 97–113．

第4章
村中亮夫・埴淵知哉・竹森雅泰　2014．社会調査における個人情報保護の課題と新たなデータ収集法．E-journal GEO 9(2): 1-11．

第5章
埴淵知哉・村中亮夫・安藤雅登　2015．インターネット調査によるデータ収集の課題—不良回答，回答時間，および地理的特性に注目した分析．E-journal GEO 10: 81-98．（1節・2節・5節-3）

第6章
村中亮夫・中谷友樹　2009．社会調査データの収集方法が支払意思額に与える影響の検討—郵送調査とWeb調査の比較分析．環境情報科学 38(1): 47-55．

第7章
埴淵知哉・村中亮夫・安藤雅登　2015．インターネット調査によるデータ収集の課題—不良回答，回答時間，および地理的特性に注目した分析．E-journal GEO 10: 81-98．（3節・4節・5節-1, 2）

第8章
埴淵知哉・村中亮夫　2016．インターネット調査における住所情報付き個票データの利用可能性．地理科学 71: 60-74．

コラム②・コラム③
埴淵知哉　2016．近隣と健康に関するインターネット調査—2015年調査の概要．国際教養学部論叢 8(2): 17-33．

事項索引

A-Z
ICPSR　79
JGSS（日本版総合的社会調査）　5, 79
JGSS-2010　139
MAPPLE アドレスマッチングツール　146
Mosaic グループ　10, 11
Network Panel　113, 131
Satisfice 問題　111
SSJDA　78

あ行
位置情報　vi
インターネット調査　v, 68, 76, 82, 89
　——登録モニター　105
　——の回答者　77
　——の利点　89

オープン型インターネット調査　76
オッズ比　19

か行
回収率　7, 9
隠れトランプ支持者　i
仮想市場評価法（CVM）　94
カバレッジ誤差　86

疑似的な地域差　27
偽陽性　127
協力獲得率　9, 15
拒否の強まり　25

偶然の地域差　143
クラウドソーシングサイト　92

系統的な調査誤差　65

公開データの二次分析　78
交互作用項　138
公職選挙法 28 条の 3　75
公的統計　ii
公募型　86
国勢調査　29, 47
　——の信頼性　66
　——の精度　30
　——の調査法　31
　——の歴史　48
個人情報の管理　69
個人情報保護法　68
個票データの分析　6
混合方式　80

さ行
ジオコーディング　146
ジオデモグラフィクス　5, 11
支払意思額（WTP）　94
社会調査協会倫理規定　70
社会調査の回収率　3
社会調査の対象　71
社会的望ましさ　89
　——によるバイアス　i
謝礼　87
修正都市雇用圏　10
住民基本台帳の閲覧　72
住民基本台帳法 11 条の 2　73
主観的健康感　137
人口センサス　29
人文地理学会倫理綱領　70

スライダー形式の設問　114

生態学的誤謬　6
接触成功率　9, 15
選挙人名簿の閲覧　72

事項索引　　161

潜在的不詳割合　37

総調査誤差　85
総務省告示495号　74
属性の偏り　87

た行
大都市圏　33
多段抽出法　74

地域抽出法　74
調査環境の悪化　iii
調査困難時代　v
調査対象者　129

抵抗回答　97
データアーカイブ　78
データクリーニング　123
電子的調査情報収集法（CASIC）　76
電話帳　74

統計的社会調査　ii
登録モニター集団　84
都市化の度合いの効果　54

な行
ネットリサーチ　82
年齢別の不詳割合　41, 42

は行
パネル型インターネット調査　76

「非公募型」調査　126
非公募型モニター　126
非大都市圏　33
標本抽出台帳　71
標本調査　v

不詳　30, 48
不詳人口　64

不詳「数」　52
「不詳」増加の問題　56
不詳率　50
　――と都市化度　53
　――の差の理由　59
　――の地域差　52
　――のばらつき　56
不詳割合　36
　――と性別　40
「不詳」を考慮した地域分析　63
不良回答　112, 126
　――の定義　118
プロ回答者集団　88, 120, 121

ま行
マクロ都市化度　50
マトリックス形式　114
マルチレベル分析　12
マルチレベルモデル　60

ミクロ都市化度　51
ミックス・モード　107

メソ都市化度　50
面接調査　28

や行
郵送回収　32

弱い拒否の広まり　25

ら行
ランダム切片モデル　12

リソース型インターネット調査　76
倫理審査　71

レア・サンプルのデータ収集　92

ローカルな調査環境　26

人名索引

A-Z

Basner, M.　*110*
Benyamini, Y.　*137*
Couper, M. P.　*107*
Cummins, S.　*27*
Diez-Roux, A. V.　*130*
Easterlow, D.　*27*
Greene, W. H.　*103*
Harris, R.　*11*
Idler, E. L.　*137*
Inaba, A.　*3, 19*
Jones, K.　*12*
Kaplowitz, M.　*108*
Kawachi, I.　*137*
Kayaba, M.　*110*
Kennedy, B. P.　*137*
Kimura, Y.　*11*
Mair, C.　*131*
McLafferty, S. L.　*ii*
Robinson, W. S.　*6*
Smith, S. J.　*27*
Webber, R.　*11*

あ行

青山吉隆　*95*
淺野敏久　*vi, 83*
阿部　隆　*30, 48, 49, 54, 62–64*
阿部智和　*93*
安藤奈々恵　*2, 4*
安藤昌代　*72*

石川義孝　*30*
伊藤　薫　*31*
伊藤達也　*30*
稲葉太一　*v, 4*
岩井紀子　*v, 4*

上田拓治　*77*
氏家　豊　*28*
宇田忠司　*93*

遠藤晶久　*83, 85*

大石太郎　*66*
大隅　昇　*76, 83, 85, 87–89, 95, 98, 116, 120, 121, 136*
大友　篤　*31*
大脇錠一　*90*
岡田謙介　*65*
小野寺典子　*69*

か行

歸山亜紀　*vi, 110, 131, 137*
金本良嗣　*10*
兜　真徳　*109*

岸川洋紀（Kishikawa, H.）　*110, 118, 146*

クレフト，I.　*12*
グローヴス（Groves, R. M.）　*49, 76, 80, 85*

小池司朗　*31, 48, 49*
神武直彦　*vi*
古賀慎二　*vi, 84*
小林哲郎　*111*
近藤克則　*137*

さ行

酒井　隆　*77*
酒井恵都子　*77*
佐藤博樹　*79, 87, 133, 136*
佐藤正広　*48, 59*
佐野晋平　*62, 64*

篠木幹子	*3*	林知己夫	*74*
島崎哲彦	*121*	林　英夫	*68, 77, 95*
菅　桂太	*30*	樋口耕一	*83, 88, 126*
鈴木　透	*30*	平松貞実	*2, 15*
鈴木督久	*iv, 67*		
関根智江	*4*	福浦裕介	*72*
		星野崇宏	*65, 145*
た行		本多則惠	*77, 84, 87, 88, 105–107, 108, 120, 121, 133, 136*
田代志門	*71*		
田辺俊介	*v, 4*	**ま行**	
谷岡一郎	*5*	前田忠彦（Maeda, T.）	*59, 65, 87–89, 116, 120, 121, 136, 145*
埇田知久	*4, 50, 56*	益田兼房	*96*
寺脇　拓	*103*	松岡亮二（Matsuoka, R.）	*59, 65*
デ＝リウー，J.	*12*	松田映二	*28*
徳岡一幸	*10*	三浦麻子	*111*
戸所　隆	*ii*	三隅一人	*4*
轟　亮	*vi, 110, 131, 137*	三輪　哲	*4, 6*
な行		村中亮夫	*vi, 11, 28, 49, 68, 77–79, 83, 84, 96*
長崎貴裕	*68, 77, 83, 84, 88, 90*		
中谷友樹	*vi, 10–12, 27, 28, 77–79, 84, 96, 131*	本川　明	*105–108*
		森岡清志	*71, 74*
鳰真紀子	*85*		
		や行	
野間晴雄	*ii*	保田時男	*iv, v, 3, 4, 7, 9, 18, 49, 50, 56, 67, 136*
は行		矢部直人	*vi, 84*
萩原雅之	*87*	山内昌和	*31, 48, 49*
長谷川公一	*72*	山田　茂	*30, 48, 59, 66*
花岡和聖	*65, 78*	山田文康	*88*
埴淵知哉（Hanibuchi, T.）	*ii, v, vi, 5, 8, 10, 11, 15, 18, 19, 49, 50, 65, 66, 79, 92, 109, 116, 123, 126, 130, 131, 133, 136, 137, 139, 146, 156*	湯淺墾道	*72*
		吉川　徹	*25*
		吉村　宰	*83, 85, 87*

■執筆者紹介（*は編者）

埴淵知哉*（はにぶち ともや）　中京大学国際教養学部 教授
『NGO・NPOの地理学』（単著），明石書店，2011年。
『社会関係資本の地域分析』（編著），ナカニシヤ出版，2018年。

村中亮夫*（むらなか あきお）　北海学園大学人文学部 准教授
「京都府宮津市における身近な地域の文化財・景観の社会経済評価——支払意思額と労働意思量の地域差に着目して」（共著），人文地理 67(3)：187-206，2015年。
「高校地理での学習内容を活かした防災教育プログラムの開発と実践——身近な地域の水害リスクを事例として」（共著），地理科学 69(4)：195-213，2014年。

安藤雅登（あんどう まさと）　西平酒造株式会社 マーケティング担当責任者
小池司朗（こいけ しろう）　国立社会保障・人口問題研究所人口構造研究部 部長
竹森雅泰（たけもり まさひろ）　広島弁護士会 弁護士
中谷友樹（なかや ともき）　東北大学大学院環境科学研究科 教授
花岡和聖（はなおか かずまさ）　立命館大学文学部 准教授
山内昌和（やまうち まさかず）　早稲田大学教育・総合科学学術院 准教授

地域と統計
〈調査困難時代〉のインターネット調査

2018年12月31日　初版第1刷発行

編　者　埴淵知哉・村中亮夫
発行者　中西　良
発行所　株式会社ナカニシヤ出版
〒606-8161　京都市左京区一乗寺木ノ本町15番地
　　　　　　　Telephone　075-723-0111
　　　　　　　Facsimile　075-723-0095
　　　Website　http://www.nakanishiya.co.jp/
　　　Email　iihon-ippai@nakanishiya.co.jp
　　　　　　　郵便振替　01030-0-13128

印刷・製本＝ファインワークス／装幀＝間奈美子
Copyright © 2018 by T. Hanibuchi, & A. Muranaka.
Printed in Japan.
ISBN978-4-7795-1340-4

本書のコピー，スキャン，デジタル化等の無断複製は著作権法上の例外を除き禁じられています。本書を代行業者等の第三者に依頼してスキャンやデジタル化することはたとえ個人や家庭内での利用であっても著作権法上認められていません。